底层思维

卓越人生的逻辑魅力

赵海民◎著

U0827735

企业管理出版社
EMPH
ENTERPRISE MANAGEMENT PUBLISHING HOUSE

图书在版编目（CIP）数据

底层思维：卓越人生的逻辑魅力 / 赵海民著 . -- 北京：企业管理出版社，2021.6
ISBN 978-7-5164-2367-7

Ⅰ. ①底… Ⅱ. ①赵… Ⅲ. ①管理学—通俗读物 Ⅳ. ① C93-49

中国版本图书馆 CIP 数据核字（2021）第 069653 号

书　　名：底层思维：卓越人生的逻辑魅力
作　　者：赵海民
责任编辑：尤　颖　　宋可力
书　　号：ISBN 978-7-5164-2367-7
出版发行：企业管理出版社
地　　址：北京市海淀区紫竹院南路 17 号　　邮编：100048
网　　址：http：//www.emph.cn
电　　话：编辑部（010）68701638　发行部（010）68701816
电子信箱：emph001@163.com
印　　刷：三河市荣展印务有限公司
经　　销：新华书店
规　　格：170 毫米 × 240 毫米　16 开本　13.5 印张　193 千字
版　　次：2021 年 6 月第 1 版　　2023 年12月第 7 次印刷
定　　价：58.00 元

前言 / PREFACE

我们为什么需要不断成长

这是一个人人都需要成长的时代，在说到我们该如何成长之前，需要首先弄明白我们为什么需要不断成长？

从环境层面说：成长是外部环境所迫

不可否认的是，我们所处的工作及生活环境比以往任何一个时代都更加复杂多变，更加具有不确定性。随着现代科技的迅猛发展及人工智能时代的到来，我们的整个社会都处在快速更新和迭代中。

身处这样的时代你会发现：未来和你竞争工作岗位的不只是你的同事，更有可能是人工智能；未来没有所谓的稳定工作，个人技能淘汰和更新的速度将会越来越快；未来需要转型升级的不只是企业，个人转型升级将成为常态。

这就是这个时代的特点，快速发展、迭代，每隔三五年就会出现一些新行业、新物种、新技能，而相应的，每隔三五年也会淘汰一批传统的、过时的行业和技能。对于个人来说，凭借一项工作技能吃饭的时间越来越短，每个人技能迭代和更新的速度要跟上时代的脚步，否则，就会被“优胜劣汰”

的自然生存法则淘汰。

人类作为自然和生物世界中的一员，要想适应时代的发展，也同样要遵从生物进化法则，无论是思维、认知，还是技能、经验都需要根据外部环境的变化而变化，需要不断迭代自己、更新自己、进化自己，而不是维持一成不变的僵固状态。

所以，人的持续成长不仅是对自己人生负责的一种向上态度，也是应对这个越发复杂和不确定性时代的最为有效的策略。我们唯有不断地成长才能不被时代所淘汰，才能让自己的生命维度更加宽广，让自己的生活更加绚丽多彩。

从认知层面说：成长就是认知升级

人之所以要不断地成长，还有一个重要的原因，就是成长能够不断提高我们的认知能力，而伴随着认知能力的提升，格局、视野、洞见性、智慧乃至心性修为都会有所提升。一旦一个人在这些方面得到了提升，其个人事业和幸福感也会相应改变。

日本著名的实业家和哲学家稻盛和夫先生就是坚持在工作中成长和修行，不断提高自身的心性和认知能力。通过数十年的积累和实践，他总结出了自己的一套经营管理企业的哲学，运用这套经营哲学，成功地创办了两家世界500强公司。可以说，这就是源于他在经营企业和人生方面的认知水平不断提高的结果。

子曰："吾十有五而志于学，三十而立，四十而不惑，五十而知天命，六十而耳顺，七十而从心所欲，不逾矩。"其实，这就是孔子认知成长的过程。到了40岁，随着认知能力的提升，能够做到不惑于外物。到了50岁，能够做到与自己和解，内心平和地做该做的事，不与自己较劲，不再怨天尤人。而到了60岁，完全不被别人对你说的话所困扰。到了70岁，就达到了随心所欲而不逾矩的地步，顺心而为，自然合法，动念不离乎道，认知已经达到了至高的境界。这就是孔子的认知能力和境界，也是其高深的智慧和洞见。

其实，一个人成长的最终目的不是物质财富增长了多少，而是精神财富的增长。精神财富的增长离不开认知的不断提升，认知能力的提升就会带来智慧、格局及心性的提升，进而让人实现所谓的幸福和心灵自由。

从需求层面说：成长是人的内在所需

为什么说成长是人的内在所需呢？

马斯洛需求层次理论提出了人最基本的且是与生俱来的五种需要，即生理的需要、安全的需要、归属与爱的需要、尊重的需要和自我实现的需要。当人满足了基本的生理需要后，接下来就会向更高层级的需要发展，这是人的一种内心根本性的需要，谁都需要得到尊重，谁都想实现自己的人生价值。而要想得到这些需要，就必须不断地成长。只有不断地成长，才能为社会创造更大的价值，进而才能实现自己的人生价值。可以说，自我实现的需要是成长的最大动力，而成长其实就是在实现自己的人生价值。

一个人如果不成长，也许就只能停留在满足基本生活保障的层面，甚至连安全感和归属感都没有，更不用提什么尊重和自我实现了。事实上，每个人的内心都是对自我实现需求有渴望的，而通往这条路的方法就是不断地学习和成长，让世界能够因为你而变得有所不同。

相信成长的力量

知道了为什么要成长，接下来是到底该如何成长，也就是本书的核心内容。本书从个人成长的底层逻辑和规律入手，让大家对如何高效成长做到知其然，也知其所以然。只有掌握了成长的底层逻辑和规律，对成长的认知才更深入、更全面。

本书分为三个部分，即成长心法篇（认知思维）、成长战法篇（策略思维）和成长干法篇（行动思维），从思维、策略和方法三个层面的底层逻辑入手，有道有术，道、术结合，帮助那些在迷茫中不知如何成长的人突破自己的人生极限，实现卓越的人生梦想。

成长不是一朝一夕的事，而是一辈子的事。唯有成就最优秀的自己，才是我们的终身大事。时代真的变了，我们必须摒弃过去的旧思想、旧思维，以崭新的自己去迎接未来。

最后，衷心地希望给正在阅读这本书的你带去哪怕一点点的启发和价值，而这就是对我最大的鼓励。朋友们，让我们相信成长的力量，共同创造美好的人生！

赵海民

2021 年 2 月

目录 / CONTENTS

| 第一部分 |

成长心法篇：认知思维

PART ONE

| 第一部分 |

1 成长心法篇：认知思维

成就卓越的人生离不开内在心法的成长，这里所说的成长心法是指一个人内在的认知思维。一个人要想成长和改变，首先就要在认知和思维层面上改变，进而才能引发行动的改变。认知思维就相当于“道”，只有明道，才能更好地优术，即更好地采取策略和方法。认知思维改变了，人才能真正地开始成长。认知能力决定人与人之间的差距，改变思维才能改变命运。

成长心法篇将从成长的认知升级、成长的模式、成长的突破及规避成长的陷阱四个方面来深层次地认识成长。

第一章

成长的认知升级

一个人的成长从底层和本质层面上说，其实就是认知能力的不断升级，认知不改变，人就无法成长。因此，想要成长和不断进化，首先就要对成长的认知和底层的思维进行改变和升级。本章主要介绍我们该如何正确认识成长，如何改变和提高我们对成长的认知。

第一节　人与人之间的差距到底是什么

一、是什么造成了人与人之间的差距

要想正确地认识成长，首先就要弄明白一个问题，也是我经常在心里问自己的问题："人与人之间产生的差距到底是什么造成的?"

可能有的人说是天赋，有的人说是家庭背景，还有的人说是后天机遇或努力。我觉得这些因素在每个人的发展和成长中的确起到了一定的作用，但这个作用不是最根本的。比如，家庭背景差不多，毕业于同一个大学的同学，在智商方面也没什么差别，但是 10 年或 20 年后会产生非常大的差距，这是为什么呢?

我发现，那些所谓的家庭条件、天赋、努力都不是最根本的决定因素，造成人与人之间的差别的根本因素，其实就是一个人的认知能力和认知水平，也就是认知思维水平决定了人们的根本性差异。

二、认知能力决定一个人的最终成长高度

认知水平体现的是一个人对外界事物认知的程度，或者是认知的深度。认知水平不同，其差距会非常大。比如，大家都知道马云很厉害，但他并不是毕业于顶尖的大学，家庭背景也不是十分优越，为什么他就能成为中国顶尖的企业家呢？原因就在于他的认知能力和水平较高。他对事物有出色的洞察力和远见能力，而洞察力和远见能力就是一个人认知能力的重要体现。

认知能力越强的人，越能够看到事物的本质和底层规律，越能在自己相关的领域取得更大的成就。可以这样说，认知能力决定了一个人的最终成长高度。举一个股票投资的例子，对于普通人来讲，股票投资是风险非常高的一种投资理财方式，但是对沃伦·巴菲特来说，股票投资的风险相对来说不但不高，而且还能成为自己的终身事业。这就是由于对股票投资的认知能力不一样造成的，你去投资股票十有八九会亏钱，而巴菲特却能成为世界顶级的亿万富翁。巴菲特对股票投资的认知深度和水平远远高于普通人，甚至远高于一般的专业投资者。可以说，在某一个领域的认知水平也决定一个人在这个领域取得成就的大小。

三、认知能力是可以提升的

既然认知能力对一个人的发展和成长十分重要，那么认知能力是天生固定不变的，还是可以通过后天努力提升的呢？

还好，答案是后天可以提升的。不然的话，每个人一出生就决定了个人最终取得成就的大小了。虽然认知能力是可以提升的，但不同的人提升的速度是不一样的。有的人一辈子都没有提升多少，这样的人还很多。也有一小部分人提升得非常快，尤其是毕业后步入社会，随着时间的推移和认知能力差距的拉大，人和人的差距也会越拉越大。

认知能力的提升也不是一瞬间的事，除非是那些瞬间顿悟的人。因此，

认知能力的提升需要一个渐进和持续的过程。

四、认知能力的提升需要破除固化思维

认知能力确实可以提升，并且需要一个过程。而在生活中，我们发现很多人有固化思维，认为就这样了，不会有什么成长了，一辈子晃晃悠悠就过去了。尤其在认知思维方面，没做过的就认为自己不是这块料，看到别人创业成功，就说别人天生就是干企业的料，自己不适合创业，等等。创业能不能成功，关键是你对创业领域的认知能力够不够。当领导的什么性格的都有，没有谁是天生不合适。这就是固化思维的典型表现，我们在工作和生活中随处都能遇到具有这种固化思维的人。

我认识一个大学的教授，相信大家不会怀疑一个教授的写作水平吧。但是了解之后才发现，原来在别人眼里这么高学历、高水平的老师也有严重的固化思维，总认为自己没办法坐下来写东西，平常申请课题都是他说出想法，然后让学生去写课题申请。听到这件事后我很震惊，本以为老师应该比较会写东西，实际上并非都是如此。说起来就是固化思维在作怪，总认为自己在某方面不行，长此以往就形成了固化认知。

认知能力提升的前提是要打破固化思维，具有成长型思维。唯有如此，你才能提升得更快。就是说，你要认识到并相信自己能够通过一定的方法提升自己的认知能力。但具体该怎么提升认知能力，其实并不是那么简单的一件事，而是一项需要长期积累的系统性工作。本书后面章节会介绍很多提升认知能力的方法，如多读书学习、跨领域和学科学习、遇到问题多问为什么，以及多进行反思等，这里不再一一展开。

五、所谓成长，其实就是认知升级

人的成长离不开认知能力的不断升级，要想实现更大的发展，取得更大的成就，我们就需要不断扩大自己的认知能力边界，最终在自己擅长的领域里脱颖而出，实现人生价值和目标。

第二节　为什么自我改变那么难

在上一节我们说只有提升认知能力才能不断成长，但我们知道，一个人无论是在认识上，还是在思维和行为上，改变起来并没有想象的那么简单，并非想提升马上就能提升、说自我改变就能马上改变，这又是为什么呢？

一、自我改变不是换个环境那么简单

每个人都想改变，都想不断成长，都想变成更好的自己，但是我们发现，无论是改变一个行为，还是改变一个习惯，都不容易。有人说想要改变，你就得换个环境，在熟悉的环境里很难实现自我改变和突破。换个环境人就真的能改变了吗？我们不否认环境可以使一部分人得到一定的改变，但环境其实并不是促成一个人实现自我改变的根本原因。在职场中，我们经常看到有人说得换个环境才能使自己变得更好，自己对所在的环境太熟悉了，一进入这个环境就容易形成惯性思维和行为。等真的换到另一个公司后，发现自己还是无法改变，又陷入了同一种惯性中。

在生活中也有这样的案例，一对过得并不幸福的夫妻总认为是对方的错，总以为离婚后换个对象就什么问题都没有了。等到真的离婚后才发现，事情并非自己想象的那样，还是充满各种问题。如共同在苦日子里走过来的两个人最终以离婚收场，女方表示自己生活得过于独立，而男方说缺少相互陪伴。看似这就是问题的答案，其实还有更深层次的原因。这个原因来自每个人的内心，因为他们内心的舒适区不同，都没有为对方去改变自己。虽然他们也都试图通过改变自己来改善他们的处境，但最终还是没能成功。

二、阻碍改变的最大障碍是你走不出心理舒适区

为什么有时候自我改变那么难呢？

其实，阻碍我们改变的最大障碍是你走不出心理舒适区。什么是心理舒适区呢？许多人认为，生活在一个熟悉的舒适环境就是心理舒适区。事实上，著名的心理咨询师陈海贤博士经过多年的研究认为：“真正的心理舒适区

不是指熟悉的环境，而是我们熟悉的应对环境的固有方式。”[①] 这句话的意思是说，心理舒适区不是由外在的环境产生的，而是由我们面对各种困难和事情时如何去处理的固有思维方式产生的，即从一个人自我的角度去看问题所导致的。

为什么每个人都会产生应对环境的固有思维方式呢？就是因为每个人的思维方式都是由自己的生活经历所构成的，生活经历不同，遇到事情处理的思维方式也不同。长此以往，每个人都会形成自己熟悉的应对方式，这个熟悉的应对方式就是我们的心理舒适区。如果应对环境的固有思维方式不改变，我们就无法真正走出心理舒适区。

为什么我们不会很容易地就走出心理舒适区，甚至是很困难呢？难道心理舒适区能够给我们带来什么好处吗？

事实的确如此，心理舒适区能够给我们带来的最大好处就是一种控制感。控制感是一种安全感的来源，当你能够对一件事情有控制感的时候，你就会感觉到安全和自信。相反，如果我们所面对的是毫无控制感的情境时，你就会感到焦虑和不安。一个人越是感受到焦虑不安或受到威胁的时候，越容易紧紧地抓住在大脑中已经形成的熟悉的应对方式不放，因为它能够带来控制感。

马斯洛需求层次理论也讲到，在人的五大需求层次中，安全需求是人的一种基本需求。当心理舒适区能够带来控制感时，我们就会感到安全。可以说，心理舒适区的本质是熟悉的应对方式带来的控制感。而在生活中我们发现，我们难以改变这个控制感。就像有句话说的那样：“人不是根据现在的生活去选择合适的应对方式，而是根据熟悉的应对方式来构建现在的生活。”这就是一个人在生活中一旦形成了固有的应对环境和问题的思维方式后很难改变和突破自我的原因。

在职场中，如果你不去改变应对问题的方式，不去改变自己的思维和认知方式，而只是通过环境来进行改变，那么最终的结果就是很难实现自我的真正改变。外在环境并不是促成一个人改变的根本原因，虽然它能够起到一

① 陈海贤. 了不起的我［M］. 北京：台海出版社，2019.

定的作用。在生活中，夫妻双方有了问题和矛盾，一定不能只向对方去找问题，还要审视自己有没有一些固有的应对问题的思维方式，是不是自己也可以改变一下。如此一来，也许问题自然就消失了。

三、改变的本质是创造新经验

前文我们说到，阻碍我们改变的最大障碍是心理舒适区，而心理舒适区其实是我们旧有的应对问题的方式，也就是我们的旧经验。而改变意味着什么呢？意味着你要摆脱过去应对问题的思维方式，用新的方式去应对，也就是说改变是在创造新的经验。所以说，改变的本质是创造新经验，走出心理舒适区就是在摆脱旧经验，创造新经验。自我改变的过程其实就是不断创造新经验的过程。

举例来说，过去你是一个不爱读书的人，现在你变成了一个每天坚持阅读的人，其实这个改变的过程就是创造了读书学习的新经验。你阅读的书籍越多，对于你的思维方式的改变越会起到更大的作用。如通过阅读学习，你能够更好地控制自己的情绪了，不再那么容易发脾气了，这就是你应对情绪的方式改变了，产生了新的经验。

事实上，一个人的成长和改变就是用一个个新经验代替旧经验的过程，我们每一个人都需要不断地改变、进化和更新自己。

四、自我改变就是不断脱去旧壳、长出新壳

自我改变是用旧经验来代替新经验的过程，用形象的比喻来说，就是不断脱去旧壳、长出新壳的过程，这个过程就像是关于老鹰的那个广为流传的故事一样。

老鹰是世界上寿命最长的鸟类，年龄可达 70 岁。但是要想活这么长时间，就必须经历一次重生的过程。老鹰在 40 岁的时候要经过一个痛苦更新的过程。据说，它必须在悬崖的山顶筑巢，用已经老化的喙不断地用力击打岩石，直到其完全脱落为止，然后痛苦地等待新喙慢慢长出来。接着，再用新喙拔掉老化的指甲，用新长出来的指甲拔掉羽毛，长出新羽毛后，再经过 150

天的煎熬和等待才能重新飞翔，踏上后 30 年的生命历程。

虽然这只是一个故事，但其中的道理告诉我们，人也要定期地更新和改变自己，才能不断获得新生。那么，应该如何改变呢？

首先，是认知和思维层面的改变，先意识到改变的重要性，才能有所行动。其次，是行为上的改变。当你认识到改变的重要性及意义后，接下来最重要的一个环节就是拿出行动来。没有真实的行动，只是在思想上有所悸动还是无法真正发生改变。就像跑步能够带来健康一样，你在认知上确实认识到了这一点，但只有行动起来才有意义，迈开双腿、开始行动是至关重要的一步。最后，是习惯的改变。当行为上有所改变后，坚持下去就会形成新的习惯，这个新的习惯就会创造新经验。

改变的过程就是从认知改变到行动改变，最后带来习惯的改变。改变是认知和行为的统一，缺哪一个都不行。只有知行合一才能创造新经验，才是真正的改变。其实在自我改变的道路上，最大的敌人就是我们自己，你最终要不要进行自我改变，选择权永远在你手里。

五、所有的改变都是为了变得更好

我们生活在一个时时刻刻都在发生改变的神奇世界中，大到宇宙，小到一粒原子，都在运动着、改变着。我们每天面对的生活也是一样，充满着各式各样的改变，就像人们常说的：“唯一不变的就是改变本身。”

改变意味着打破了过去的平衡和习惯。人天生就喜欢顺应习惯，因为习惯的养成是大脑和心智被塑造和驯服的过程，一旦形成了就不容易被打破。习惯为我们构筑了一个温暖的舒适区。在舒适区里你能够轻松驾驭和掌控一切，突然把你从舒适区里赶出去，你就会不习惯、不适应。同时，改变也会带来不确定性，而不确定性就会给你带来不安全感。

但你要认识到，改变不是生活对你的惩罚，而是赐予你的一次成长的机会。改变也许会带来痛苦，也许会带来失败，也许会导致你失去很多东西，而改变带来的内心成长和历练却是无价的，是生活给你的最好的成长机会。

人有时候只有在痛苦中才能反思和成长，总是一帆风顺未必都是好事。失败和挫折往往能够历练出更加强大的你。心学大师王阳明就是在人生低谷和绝境中实现了思想的巨大突破，被人们称为“龙场开悟”。当时他被贬后一路艰难险阻，两年后才到达龙场，到了后没有房子，只能住在山洞里。正是这样的挫折和艰难险境，才完成了王阳明人生的重大转折，使其有了思想上质的飞跃。

事实上，所有的改变都是为了使你变得更好，改变对于我们不是坏事，改变是新生的开始。当你接受改变、拥抱改变的时候，你才有拥抱新生的机会。当你意识到自己需要觉醒和改变的时候，便是一个美好的开始，一念之间的觉醒便是当下最大的改变。就像国际畅销书作家尼尔·唐纳德·沃尔什在其著作《当一切改变时，改变一切》中说过的那样：“改变是生命过程的本身，生命就是改变，而且所有的改变也都是为了你变得更好。”①

第三节　有无洞见性就看底层思维能力

一个人的认知能力越强，其对事物的洞见性就越强，而洞见能力又取决于这个人的底层思维能力。可以说，具备强大的底层思维能力，是一个人提升洞见能力和认知水平的重要方法。

一、什么是洞见性

说到洞见性，首先我们来看看什么叫“洞见”。“洞见”一词出自北宋文学家秦观的《兵法》：“心不摇于死生之变，气不夺于宠辱利害之交，则四者之胜败自然洞见。”在字典中，洞见通常指明察；清楚地看到。稍微引申一下的意思，是能够透彻地了解，能够透视不易察晓的事物，对事物的见解比较高明，比较有远见性。

① 尼尔·唐纳德·沃尔什. 当一切改变时，改变一切［M］. 万源一，译. 北京：华文出版社，2009.

当我们说一个人的洞见性比较强的时候，主要是指这个人能够看到别人看不到的深层逻辑和本质，能够观察到别人观察不到的细节。如华为创始人任正非的洞见性就比较强，能够看得比别人远，看得比别人深。我们佩服他总能够在商业领域洞见到事物发展的未来趋势，提前布局。我国历史上的先贤老子更是有着最为高深的洞见性，其代表著作《道德经》虽然寥寥五千字，却洞见到了宇宙、人生，乃至万事万物的根本规律和最基本的道理。央视著名主持人白岩松说过这样一句话："有人说半部论语治天下，在我看来，四分之一部《道德经》就可以治天下。"

在生活中，每个人的洞见性都是不一样的，那么，如何看一个人有没有洞见性，以及洞见性强不强呢？其实，你就看他的底层思维能力强不强就行了。底层思维能力强的人能够看到事物的底层逻辑，能够透过现象看到问题和事物的本质。可以说，底层思维能力强的人，他的洞见性就会很好。

那么，底层思维能力来源于什么呢？是来源于知识数量的多少吗？如果是这样的话，为什么生活中有的人看了很多书，掌握了很多知识和信息却依然没有洞见性呢？

二、为什么有的人学了很多知识仍缺乏洞见性

在生活中，你是否遇见过这样的人：他非常爱看书、爱学习，尤其是喜欢看网上、朋友圈、公众号等转发的各种关于学习的文章和信息，然而这个人的洞见性却并不强；还有的人在自己擅长的专业性领域很强，专业知识掌握得很多，但是，一旦超出自己的专业领域，判断事物的能力和洞见性就很差了。

我认识一个学园艺专业的博士朋友，在其专业领域，相对一般人来说，她绝对算是高手和专家，但是对于生活中其他领域的见解和判断能力，却和普通人没有什么区别，甚至在某些方面还显得有些固执。有一次，我们聊起了家庭理财问题，没想到的是，在她的认知里只有把钱放在银行里才是最好的理财方式，其他的一概不认可。

为什么会这样呢？我们先来看一个小故事。

在欧洲历史上，拿破仑可谓是家喻户晓，在拿破仑与普鲁士战争结束后，当时出现了两本比较出名的与战争相关的兵书。其中一本是一个叫约米尼的人写的，当时可谓非常畅销，书的内容主要是总结了拿破仑在战争中取胜的经验及他的炮兵战术。而另一本书《战争论》是战败国德国一个叫克劳塞维茨的人写的。这本书并没有就具体的军事技术和个人的指挥能力展开，而是从战争的本质角度进行分析。当时，由于德国是战败国，该书无人问津。但直到今天，经过了时间和历史的检验，稍微了解军事史的人都知道《战争论》这本人类伟大的军事著作，全球的军事家们依然在研究和学习。而约米尼和他的著作早就被埋没在历史的尘埃中了，因为书中的内容已经过时了，很少有人需要学习怎么用那时的火炮了。

同样是写关于战争的两本书，为什么会出现不同结果呢？就是因为《战争论》写的是战争的本质、底层逻辑和深层次规律，不仅适用于过去的战争，也能够指导未来的战争。这说明作者的底层思维能力比较强，对于战争有着极强的洞见性，而不是以现象说现象，就战术说战术，停留在浅层次中。约米尼虽然总结了拿破仑过去的成功经验，但并没有阐述战争的本质，在当时能够流行一时，但并不能指导未来的战争。很显然，一个讲的是“知识和经验”，一个讲的是“洞见和本质”。

说到根本，就是每个人对事物的洞见能力不同，而洞见能力并不取决于信息的多少或知识量的多少，而是取决于这个人的底层思维能力强不强，也就是透过现象看到本质的能力，以及对事物认知的深层次分析能力。洞见性强的人总能够看到别人看不到的，能够拨开事物层层表象的外衣，深入到事物的本质去思考和看问题。而事物的本质规律又有许多都是相同的，不仅能够解释一个现象，而是能够举一反三，解释多个现象。

底层思维能力强的人善于从事物深层次和本质的角度思考问题，因此能够觉察到别人觉察不到的层面，看到别人看不见的规律，久而久之，其洞见性就会越来越强。因此说，洞见性并不取决于学习了多少知识和看了多少书籍，而是一种底层思维能力，是一个思维方式和认知能力的问题。而网络上那些碎片化知识和信息，对于一个人的洞见性基本上没什么帮助，看得再多也无助于提高其洞见事物的能力。我们真正需要做的应该是培养自己的底层思维能力，加强自己认知事物深层次本质的能力。

三、如何培养底层思维能力和提高洞见性

1. 透过现象看本质

底层思维能力的一个重要特征就是遇到事情要从深层次去寻找问题的原因，透过现象看本质，而不是从表象去看问题，用现象解释现象。同样是看到苹果落地这一现象，只有牛顿透过现象去思考为什么落地的深层次的根本原因，而普通人只是看到了现象本身。

具有了良好的底层思维，其看问题的视角就会不同。而培养底层思维能力首先要养成凡事先问为什么的思维习惯。按照美国人西蒙·斯涅克的黄金圈法则，可以将问题分为三个层面，最外层是 What 层面，指事物的表象或表层；中间是 How 层面，指如何实现我们想要做的事情，就是方法论层面；最里层是 Why 层面，指为什么做这样的事情。[①] 我们要多从 Why 的层面出发思考问题，而不是 What 层面。以民宿为例，表面上看，老板是卖产品、卖服务，但从更底层次上说，是在卖生活方式和价值观。两种不同视角和层次就会产生不同的方法论，当然，产生的结果也不同。做得好的民宿品牌都是针对拥有共同价值观念和生活方式的那一小众人群，而不是面向所有人卖产品本身。为什么苹果公司在全世界拥有那么多忠实的粉丝，不是因为它的产品功能更强大，而是因为它们卖的是一种改变与创新的价值观，不仅仅是一件电子产品。

在日常生活中，事物的本质和真相并不是长在事物的表面，一眼就能够看到，而是潜藏在深处。因此，我们不要根据现象就轻易下结论，而是多问问为什么。当你开始问为什么的时候，就开始了向深层次去寻找答案，也就开始了用底层思维去思考问题了，你的洞见能力就会不断加强。

---

① 西蒙·斯涅克，戴维·米德，彼得·多克尔. 如何启动黄金圈思维［M］. 石雨晴，译. 杭州：浙江人民出版社，2019.

2. 将复杂的问题简单化

培养底层思维能力的一个有效方法就是将复杂的问题简单化，并运用抽象思维抓住事物的本质。能够将复杂的问题简单化是一种非常重要的思维习惯。

巴菲特在思考复杂的问题时强调："保持事物的简单性。"也就是面对复杂的问题时，你看到的层次越深，事物越显得简单，越是看表面，越是显得复杂。保持事物的简单性就是强调能够将复杂问题简单化的抽象思维能力，是以一个极简的方式来解释复杂的问题。

在生活中，看似复杂的事物，其背后都有一个简单的原理。牛顿透过各种复杂的运动现象总结出了力学的三大定律，即惯性定律、加速度定律、作用力和反作用力定律，才让我们理解起力学来变得简单。爱因斯坦更是将复杂的天体、宇宙的运动规律总结为著名的相对论理论，并通过"$E=mc^2$"这个简单得不能再简单的公式，揭示出宇宙运行的能量守恒原理。近年，以创新闻名于世的埃隆·马斯克曾是 PayPal 联合创始人，后来他一手创立了三家著名的高科技公司：太空探索技术公司（SpaceX）、纯电动汽车特斯拉（Tesla）及光伏发电公司（SolarCity）。他在思考问题时习惯从事物的"第一性原理"思考，也就是把复杂的事情缩减至其最根本的实质。他运用这个原理成功地将火箭的发射成本降到原来的几十分之一甚至上百分之一。

将复杂问题简单化的抽象思维能力是培养底层思维能力的重要方法。这种能力将复杂的问题拆解为一个个较为简单的问题，你抽象的层次越高，就越接近事物的本源，越接近第一性原理，也就是事物的本质。

3. 学习底层规律性和原理性知识

提升底层思维能力的重要方法就是学习，大量的学习才能不断增强一个人的洞见能力。学习很重要，但更重要的是学习什么。不是什么知识都去学，而是学习那些具有底层规律性、原理性的知识，才能更有助于增强一个人的底层思维能力。

举例来说，摩尔定律就是一种属于底层规律性的知识。摩尔发现，集成电路上可以容纳的晶体管数量大概每隔 18 ～ 24 个月就会增加一倍。通过这个发现，他总结出了我们大家熟知的摩尔定律。这个定律解释了电晶体数量发展趋势变化的规律，微处理器芯片、半导体存储器和系统软件等领域也符合这个规律。其他类似的底层规律性、原理性知识，如微笑曲线、安全边际、长尾理论、从众效应等都有助于增强我们的洞见性。

所以说，一个人的洞见能力并不取决于你的知识量大小，关键是知识的质量。老子在《道德经》中讲过“为学日益，为道日损”，说的是知识和技能越学会越多、越杂乱，而事物的本质和大道，底层原理性的、根本性的知识则越学越简单，越学越少，越接近事物的本源。要想提高我们的洞见性，就要多学习老子认为的那些根本性的“道”的知识。

四、在实践中修炼洞见思维和能力

一个人的洞见能力说到底离不开其亲身体验和实践，上述通过提升底层思维能力来提高洞见性的方法无一不需要我们的践行，知道是一回事，做到是另一回事，只有知行合一才是真正地习得，才能真正地让思维方式成为习惯。我们在践行中体验、在体验中感知，就可以逐渐培养出自己的洞见能力。

第四节　思维质量决定成长高度

一、思维塑造未来

说到思维大家并不陌生，它是指我们用头脑进行逻辑推导的属性、能力和过程。在生活中，当我们运用大脑进行各种分析、综合、比较、分类、思考、决策、概括总结的时候，都是在运用我们的思维。

虽然人们每天都在不知不觉中使用思维，却很少有人有意识地去关注、思考和反思思维本身。当然，也有那么一小部分人能够去审视自己的思维，通过不断改善来提高思维的质量。因此我发现，虽然大家无时无刻不在运用着思维，但是每个人的思维质量各不相同。那些有意识思考和改善自己思维质量的人往往能够取得更高的生活品质和人生成就，而那些拥有着糟糕的、低质量思维的人从来不去想改变自己的思维方式和行为，更不去思考和有意识地提升自己的思维质量，其结果往往是过着平庸的生活，未来也不会有太大的发展。

《思辨与立场》一书的作者讲道："你对自己思维每次是好是坏的重要洞察都将显著地提升你的生活品质。"① 因此，当一个人拥有低质量的思维习惯，就会直接影响他的生活质量和生活品质。甚至可以这样说，是我们的思维塑造了我们的未来，而一个人的思维质量越高，未来成长的高度也会越高。

为什么说一个人的思维质量会直接影响未来成长的高度呢？下面将从高质量思维的四个维度来进一步探讨，如图 1-4-1 所示。

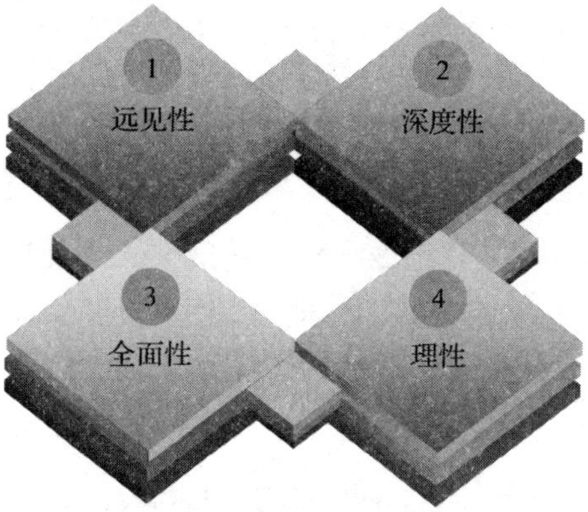

图 1-4-1　高质量思维的四个维度

二、高质量的思维看待问题更具远见性

之所以说一个人的思维质量决定他未来成长的高度，其中一个重要的原因就是高质量的思维往往看待问题更具有远见性。与之相反，低质量的思维看问题往往表现为目光短浅，更在意当下一时的得失和眼前的利益，不从长远的角度去思考，也就是我们常说的"短视思维"。

成长是一辈子的事儿，只有在思维上更具远见性才能更好地成长。比如，在工作中，你是以打工的心态工作，还是以一种让自己锻炼和成长的

---

① 理查德·保罗. 思辨与立场［M］. 李小平，译. 北京：中国人民大学出版社，2016.

心态工作，就能体现出一个人的思维是否具有远见性。具有高质量思维的人绝不会聚焦眼前的利益与得失，而是更专注于自己的长远发展和成长，将自己的每一份工作都看成是自我锻炼和成长的机会。其实，说到底，我们工作就是为了自己成长。具有成长远见性思维的人往往会制订清晰的未来成长目标和规划，不会整日虚度光阴，而是能够脚踏实地，在准确评估自己能力的基础上认准目标和方向，长期坚持奋斗，一步步朝着目标努力。

此外，具有成长远见性思维的人能够将自己的主要精力和时间都聚焦在自己的成长上，而不会什么都想干，四处分散精力，他们知道什么对成长更重要，知道如何做出取舍。

具有成长远见性思维的人会以践行终身学习和成长的成长型思维为理念，以五年甚至是十年的视角和尺度去思考和规划未来。

培养自己对未来的远见性思维习惯，尝试不断地超越自己过往的生活质量，这样才能完成以前你所不能及的事情，才能实现更高的人生成就。古往今来，凡大成者必有长远的眼光。具备高质量的远见性思维才能更好地掌控自己的人生，只有着眼于长远才能不断创造出人生的新高度。

三、高质量的思维看待问题更具深度性

衡量一个人的思维质量高不高，其中一个重要的标准就是其看问题时有没有深度。越是高质量的思维看待问题越有深度，看待问题越有深度，则越有利于提高成长的高度。有的人看问题只看现象、表面，这样的思维质量就不高。而具备高质量思维的人往往能够透过现象看到问题的本质、底层规律和逻辑。

具有深度性的高质量思维的人往往有着较强的洞察力，能够看到别人看不到的东西，如事物的本质规律、深层原因等。以老子为例，他的思维就具有极强的深度性，能够透过世间万象看到整个宇宙和自然的根本规律。

在投资领域，著名的投资大师巴菲特和芒格两人非常善于对投资的底层

规律进行深层思考，思维质量的深度性非常强，他们总是从价值投资的本质层面及人性的角度去想问题，才能在投资领域取得那么高的成就。在股票市场上，大部分炒股的人都是从现象和表面去看问题，没有高质量的思维深度，其结果注定是投资失败。

在生活中，大部分普通人只能看到冰山显露出来的部分，只有少部分人善于思考，能够看到冰山隐藏在水下的部分，而二者的差异就是思维的深度性不同，自然其人生的成就和高度也不同。思维越具有深度性，成长才能越有高度。

四、高质量的思维看待问题更全面

具有高质量思维的人看问题时能够从多个角度和层面去思考，因此更具全面性，也更客观和科学。而低质量思维的人总是从习惯的角度去看问题，时间长了就容易形成单一性思维或片面性思维。

我们都知道，同样一件事，不同的人从不同的角度去看会有不同的答案和结论，也会产生不同思维方式，而不同的思维方式又会导致人和人之间的巨大差别。擅长从多角度看待问题的人在成长的过程中就会比单一思维的人更有创新性，同时看待事物也更全面和客观，更有利于高效地成长。就拿看待成长本身来说，我们应该从多个角度去看。一个人的成长不仅是技能和本领的成长，也是认知的不断升级，更需要内在格局和心灵的成长。如果只增长外在的技能和本领，忽略了内在修为的成长，最终的成长高度也不会太高。因此，一个人只有内外兼修、全面成长，才能取得更高的人生成就。

高质量思维的全面性特征能够让我们摆脱视角的单一性和片面性，而看待问题越全面，你的人生成长高度才会越高。

五、高质量的思维看待问题更理性

一个人是否具备高质量的思维还有一个重要的衡量标准，就是看待问题时是否能够更具理性。在生活中，总有这样的两种人，一种人发生问题时擅长理性思考，更多表现的是理性思维；另一种人在发生问题时更多的是非理性思考，容易冲动，容易感情用事。

不可否认的是，擅长从理性角度去思考的人，人生成长的质量和高度就会越高，尤其是当我们面对人生重要决策和岔道口的时候，如和谁结婚、选择什么职业、在哪里发展等，理性思考才能更好地帮你把握正确的决策方向。理性的人更能客观、冷静，能够在多个选择中找到相对最优解，在人生的每一个重要节点和选择上都能理性对待，能够迈好成长的每一步。而那些习惯感性决策，总是表现得非理性的人，其成长的质量和高度就不会太高。在成长的过程中，一个重要的感性决策错误就可能影响一个人一生的发展。

这样的例子并不少见。有个参加电视创业大赛的选手带着两项实用新型专利项目来参加比赛，他个子不高，皮肤略黑，虽然三十多岁，但在行为举止中总是带着一丝拘谨，还有一些脱离社会的感觉。经过他自我介绍人们才知道，其实他是坐了 10 年牢才出狱不到半年的创业者，说起当年因防卫过当冲动杀人的事也是百般后悔。当年二十多岁的他开了一个小饭馆，一天晚上有几个社会小流氓来捣乱，实在无法忍受羞辱的他失去了理性，没有选择先报警，而是选择了杀人。

一个非理性冲动的决策就带走了一个人 10 年的青春。其实他和我们一样，是极为普通的人，并没有任何坏心眼，就是因为一时的冲动才导致这样的结果。好在他后来做了一个正确的理性决策，没有自暴自弃，而是在狱中积极悔改，还发明了两项实用新型专利，获得了一定的减刑。出狱后他积极向上，参加创业大赛，重启了自己的人生。

在成长的过程中，多一些理性思考和决策，少一些感情用事，才能成长得更顺畅，也会少走一些弯路。

六、用批判性思维提高我们的思维质量

在《思辨与立场》一书中，批判性思维的概念是指当我们以提升自己思维为目的去思考自己的思维时，就是具有了批判性思维。简单来说，就是有意识地反思自己的思维，通过对思维有意识地练习、改善和提高，让自己的

思维更具远见、更有深度、更加全面和更加理性，使思维质量不断地提高。思维质量提高了，也就提升了我们的生活品质和未来成长的高度。

有什么样的思维就有什么样的人生，一个人思维质量的好坏往往决定了未来成长的好坏，思维的质量最终决定的是人生的质量。

第五节　价值观决定你能走多远

在关于成长的认知中，还有一个非常重要的底层思维需要引起重视，那就是价值观思维。

每个人在成长的过程中都会面临一个又一个的岔道口，每个岔道口都有不同的诱惑，而这时，就面临着一次又一次的人生选择。在不同的诱惑和选择面前，需要有一把人生选择的标尺帮助你随时丈量：到底什么是对的，什么是错的？什么该坚持，什么该放弃？什么更重要，什么更有价值？而价值观就是这把标尺。

一、什么是好的价值观

一提到价值观，有的人会认为价值观这个词太大、太虚，对于到底什么是价值观也不是很了解。还有的人觉得价值观离自己很远，甚至没什么用，并且讨厌动不动就拿价值观说事，认为提价值观有点上纲上线。但我发现，像柳传志、冯仑等一些商业大佬们总爱在各种场合提到价值观。冯仑曾说过："价值观是我们判断是非善恶的简单标准。你之所以做这件事而不做那件事，之所以这么做而不是那么做，就是价值观。"①

我认为价值观就是价值判断和是非判断的标准，是价值取向，是一个人对一种价值和是非判断的内心尺度。说得通俗点，就是你认为什么更重要，什么是对，什么是错。在生活中，我们如何去平衡家庭、健康、工作和财富，你如何去选择，就体现了你的价值观。有的人可以为了金钱不要一切，金钱

---

① 冯仑. 赚钱要靠钱以外的四种功夫［J］. 经理人，2017（6）.

至上，这也是一种价值观。但是不同的价值观会给人带来不同的人生结果，并最终决定你能够走多远。

二、有什么样的价值观就有什么样的命运

价值观就是一次次的选择，而一次次的选择就决定了人的命运。著名天使投资人李笑来在其《财富自由之路》中讲道："选择决定命运，决定选择的是价值观，所以真正决定一个人命运的是价值观。"①

可以说，价值观决定选择，选择促成行动，行动构成命运。

人工智能科学家李开复在其《向死而生：我修的死亡学分》一书中讲过自己价值观的重大转变。年轻的时候，他几乎每天只睡四五个小时，在得淋巴癌之前他几乎把自己所有的时间都奉献在了工作上，连陪家人的时间都很少。这个时候在李开复的价值观中，事业是第一位的，而家庭和健康起码在投入的精力和时间上都排在了事业的后面。但在癌症治疗期间，李开复终于放下了工作，回到家人的身边，与家人和朋友一起共渡难关，甚至还拜访了誉满全球的星云大师，探讨人生的目标和价值。面对生死的时候，李开复才真正有时间去深入思考自己过去的人生追求和价值观。通过反思，他深刻认识到与名利相比还有更重要的东西。他说："我虽然认为自己走的道路是正确的，但是，过度追求名声让我的中心轴走偏了。""如果不是癌症，我可能会循着过去的惯性继续走下去，也许我可以获取更优渥的名利地位、创造更多成功的故事。如今，癌症把我硬生生推倒，这场生死大病开启了我的智慧，我依旧会尽力投身工作，让世界更好；但我也更真切地知道，生命该怎么过才是最圆满的。"②

李开复的例子正好说明了关于健康、家庭与成功之间的选择。人生的成长不仅是创造更多的成功，健康、家人、爱与陪伴都很重要，如何在它们之间找到一个恰当的平衡也是一种价值观。"让世界因你不同"这样的人生追求的确没有错，但前提是你得拥有健康。没有健康，又如何去改变世

① 李笑来. 财富自由之路［M］. 北京：电子工业出版社，2017.

② 李开复. 向死而生：我修的死亡学分［M］. 北京：中信出版社，2015.

界？正如李开复所说："真正生病以后才深深体会到，其实健康失去了就什么都没有了。"正是患癌症的痛苦经历让李开复有了重生之后更为成熟的价值观。

三、有什么样的价值观就有什么样的方法论

有什么样的价值观就会做出相应的选择，做了选择就会采取相应的方法去执行。认为健康比财富更重要的人，在生活中宁愿牺牲一些赚钱的机会，也会抽出时间锻炼、养生、休息，过健康的生活。有人认为，赚钱比诚信更重要。假如他是一个饭店的老板，如果饭店生意不好，他就会采取降低质量、控制成本甚至赚黑心钱的方法，如使用地沟油、不新鲜的食材等。这样做虽然还能确保一定的赢利，但能够让饭店长久发展吗？相反，如果老板更看重诚信的话，以诚信为本，那么，即使亏钱也不会做出损害顾客利益的事，宁愿关掉饭店也绝不会选择赚黑心钱。这就是价值观决定你的选择方法。

许多人为了追求一夜暴富铤而走险，为了获取财富失去了底线，于是各种金融诈骗、违规操作、贪污腐败的现象不断发生。他们虽然满足了自己短期的物质欲望，却输掉了未来。倘若你的价值观是"君子爱财，取之有道"，只挣正当的、合理的利润，你的方法自然也会光明正大、合理合法，虽然短期财富积累得比较慢，但你赢得了未来。

用正确的方法做正确的事情。我们经常被问到"正确地做事"和"做正确的事"有什么区别？哪个更重要？"正确地做事"指的是方法正确。"做正确的事"指的是价值观方面。首先得有正确的是非观、价值观，然后判断哪些事情正确。

因此，对于个人成长和企业发展而言，如果你能够在正确的价值观引导下找到正确的方法，一定会变得越来越好。如果长期用正确的方法做正确的事，那么，无论是个人还是企业，未来将会变得很伟大。反之，无论你的方法多么正确和有效，如果你的价值观出了问题，做的事是错的，那么只会令你在错误的道路上越走越远、越陷越深。

四、有所为、有所不为取决于价值观

真正的企业家不是什么钱都赚，而是有所为、有所不为的，这取决于价值观。著名企业家王石说过："超过 20% 的利润万科不做。"只挣合理的利润，王石认为市场是很公平的："从长远来看，你怎么暴利，从市场上得到的，市场一定让你偿还回去。不但让你偿还，还要惩罚你。"[①] 在房地产这个曾经的暴利行业里，这是一种多么难得的坚守，也许这就是价值观的力量。在房地产的黄金十几年中，那些盲目追求暴利的人，能够顺顺利利发展到今天而且还做得更好的，其实凤毛麟角。一些人为了追求财富而采取了各种违规操作，最终受到了市场和法律的惩罚，甚至遭遇了牢狱之灾，毁掉了终生。

湖畔大学招生面试时有这样一个问题最能体现对价值观的看重："因为你做的生意，世界会有哪些不同？你改变了什么？"如果你做的生意没给社会带来什么改变，就是未来实现财富的积累，那么抱歉，你不会被录取。反之，你的生意给社会增加了正能量，创造了价值，带来了改变，你被录取的概率就很大。

说起价值观和人生目标，我身边有个朋友，曾经有人问他："你的人生目标是什么？"他会非常干脆地回答你："就是挣很多的钱。"结果，在这样的价值观引导下，没用三五年他就经历了人生的高峰与低谷，前年刚买了宝马，车还没开半年就卖了抵债。现在欠了一屁股债，甚至都有跑路的想法。

有时候，你越是把目标和心思一味地放在赚钱上，反而越追不到它。反之，当你以客户为中心，总想着如何为客户创造价值、给别人带来改变，你会发现赚钱反倒更容易了。我们看到那些真正做事业的人，其实顺便就把钱赚了，赚钱成了顺其自然的事，而不是追求的主要目标。

五、价值观帮你坚守底线

价值观看似很空，有时候价值观却能够保命，不仅保企业的命，也保个人的命。在生活中，有很多人没有坚守做人做事的道德或法律的底线，最终

① 王石. 道路与梦想［M］. 北京：中信出版社，2014.

走向了不归路，这个底线就要靠你的价值观来坚守，尤其在困境和逆境当中最考验一个人价值观的作用。在你穷困潦倒、欠下一屁股债的时候，你是选择跑路，选择抢劫和偷盗，还是选择重新打拼，东山再起，完全取决于你的价值观，你认为什么更重要，什么是正确的。

选择跑路的人看似在短期内逃避了各种追债，但永远过不了内心那道“良知”的坎。这样的人即使跑得再远，一辈子也不会安心。选择抢劫和偷盗的人直接走向了犯罪的道路，可能这辈子都毁掉了。而那些重新打拼、勇于担当的人，用自己的诚信和责任去迎接未来，他们的人生才有可能走得更远、更精彩。面临困境时不同的价值选择，就决定了不同的人生走向。你的选择取决于你的价值观，是价值观在帮你坚守底线。

价值观就像是人生的一把标尺，帮你丈量一切是非善恶，帮你判断和选择。要想走得更高、更远，就要树立和坚守正确的价值观。一个人如此，一个企业也是如此，一个国家更是如此。

第六节　投资成长才是最有价值的“投资”

一、人生最有价值的投资就是投资成长

说到“投资”这两个字，相信大家一定不陌生，我们经常能够听到这个词，如房地产投资、股票投资、基金投资、实体项目投资、虚拟货币投资等。说起投资，我们自然而然地就会想到投资回报的问题，如投资股票年化收益是多少啊，投资房产赚了多少钱啊。

当然，从经济学的角度来看，投资就是要追求最大化的投资回报。投资一个项目或产品，能够多赚总比少赚或不赚要好，这也是投资者的正常心理和逻辑。但你有没有想过，什么才是你这辈子最有价值或回报率最高的投资呢？

有人说投资房产，两三年就翻一倍。虽然这两年国家提倡“房住不炒”，

但过去十几年地产行业的高速发展的确吸引了大量的资本进入，投资回报确实可观。比如，2002 年你在北京四环内投资一套一百多平方米的房产，到现在怎么也得翻个十几、二十倍了。有的人说投资股票是高风险、高收益。但是你看身边炒股的那些人，有几个挣到大钱的，其实大部分都在亏钱。况且，在股市里一时挣钱很容易，5 年甚至 10 年都保持一定的正收益率就很难了。许多人玩了十几年的股票，到头来一分钱都没挣到。那么，把钱放小额贷款是不是投资回报率更高呢？当然不是，这两年到处都是民间借贷平台爆雷的消息，这样的投资弄不好最后可能连本金都没了。

那还有什么投资是最有价值或回报率最高的呢？我给出的答案是投资成长，投资什么标的都不如投资自我成长更有价值。在你的一生中，回报率最高的投资就是投资成长。

那么，该如何正确认识投资成长呢？

二、投资成长遵循复利法则

成长的时间价值就好像利息是钱的时间价值一样，同样遵守复利法则。“复利法则”被认为是世界第八大奇迹，千万不要低估复利的威力。举一个小例子，给你一元钱，这个初始值非常小，但假设它每天有 10% 的收益率，那么，200 天之后会是多少钱呢？是一百万元？一千万元？都不是，是 1.9 亿元。这就是复利效应带来的惊人变化。

其实，投资成长也一样。每一天你比别人多努力一点、多成长一点，几年后就会拉开很远的距离。成长的复利曲线告诉我们，往往前几年变化不会太明显，一旦过了那个临界点或拐点后，你的成长或是回报将是更高速的指数级增长。因此，在成长的道路上，一定要耐得住寂寞，只有耐得住寂寞才能等得到巨大的收获。

三、投资成长的周期是一辈子

投资成长不是一时的事，也不是一个阶段的事，而是一辈子的事。投资成长是一项长期价值投资，对于成长这只“股票”你要拿得住，因为拿得越久回报越高，复利效应越明显。成长的投资比的不是短跑能力和短时间的爆发力，而是长跑的能力和长时间的耐力。在人生的道路上，重要的不是你的步伐有多快，而是你走得有多远，最终实现了什么样的梦想。

人的成长是无止境的，社会变化越快、越复杂，持续成长的必要性就越强。当没有什么工作或者技能能够让你衣食无忧时，你就不能停止成长。什么时候停止了投资成长的脚步，什么时候就等于选择了放弃成长。

未来职场中淘汰你的可能不只是你的同事，还有人工智能机器人。斯坦福大学的教授卡普兰做过一项统计，认为美国注册在案的 720 个职业中，将有 47% 被人工智能取代。在中国，这个比例可能超过 70%。[①] 随着人工智能、大数据、物联网等科技的迅猛发展，建立“终身学习，终身成长”的投资和成长理念已刻不容缓。

我想说，投资成长不是低买高卖，而是只买不卖。

四、最重要的是建立自己的投资体系

所有的投资高手，尤其是股票投资高手，都有自己的一套成熟的投资体系。投资不是靠内部消息、专家推荐，更不是人云亦云，别人买什么你就买什么，而是需要建立一套自己的投资体系。这个投资体系是经过多年实战经验的总结并不断进行学习、完善而建立起来的，当你有了这套适合自己的成熟的投资体系，在相关领域投资时，你就能够游刃有余，获得稳定的投资回报。

投资成长也是一个道理，要想高效且持久地成长，也需要建立一套自己的投资成长体系。那么，该如何建立呢？我想起码要做到以下几个方面。

1. 建立正确的成长价值观

成长的价值观就像是投资体系中的投资理念一样，正确的投资理念是建立投资体系的重要基础。投资理念不对，有效的投资体系就很难建立起来。比如对于股票投资，有的人就喜欢炒短线，每天都在频繁地交易。有的人认为投资股票就是投资企业的成长价值，那么他可能就坚持价值投资理念。拥

---

① 资料来源于电子发烧友网，文章名为《人工智能崛起所带来的影响》。

有正确的价值观能够指引你在成长的道路上做出更好的选择，知道什么该做，什么不该做，有了清晰的价值判断，才能少走弯路、少犯错误。

2. 培养独立思考和判断的能力

投资最难能可贵的就是能够不受他人影响，做出自己的独立思考和判断，跟在别人后面你很难取得成功。即使巴菲特告诉你买哪只股票能够赚钱，你跟着买了也不见得能够赚钱，因为你们的投资体系和逻辑不同，你无法判断持仓多久合适。就像我们经常听到的那句话一样："会买的是徒弟，会卖的才是师傅。"

对于成长也是一样，并不是大家都去做的你也要去做，大家都去学的你也要去学，关键是你要根据自己的需求和能力去独立判断什么更有价值。举例来说，面对各种"留学热""考研热"等，我们需要冷静下来深入思考、分析和判断，我为什么要考，对我的成长有多大价值，而不是一味地跟风。

美国作家马克·吐温说过，每当你发现自己和大多数人站在一边，你就该停下来反思一下。培养自己独立思考和判断的能力是成长的重要保障。

3. 找到适合自己的成长领域，明确成长定位

投资最重要的是找到自己擅长的领域，因为你不可能对所有行业、领域、板块都熟悉，毕竟每个人的精力和时间都有限。另外，还要认清自己的能力圈。巴菲特只投自己能够看懂的公司和领域，看不懂的不投。他说："对你的能力圈来说，最重要的不是能力圈的范围大小，而是你如何能够确定能力圈的边界所在。如果你知道了能力圈的边界所在，你将比那些能力圈虽然比你大五倍却不知道边界所在的人要富有得多。"①

投资成长首先要明确自己的成长定位，找到适合自己的成长领域。毕竟不是每个人都有达·芬奇般的才能，能够在多个领域做出巨大的贡献。有的时候越聚焦，成长的效果才越好。许多大学毕业多年的职场人没有找到自己的发展定位，每隔一段时间就跳槽，而且从事的工作领域和方向也在不断地改变，眼看着三十而立了，却依然没有找到成长的方向和领域。美国杜邦公司前副总裁卡尔夫说过："在我看来，世界上最大的悲剧莫过于有太多的年轻

① 资料来源于中国网财经，文章名为《巴菲特成功第一大原则：能力圈原则》。

人从来没有发现自己真正想做什么。想想看，一个人在工作中只能赚到薪水，其他的一无所获，这是一件多么可悲的事情啊！”

你的时间在哪里，你的财富就在哪里；你的时间在哪里，你的成长就在哪里。而重要的前提就是先要找到自己成长的领域和方向，你花的时间才有意义。我觉得投资的能力圈对成长来说更像是自己的兴趣圈，知道自己的兴趣边界，才能成长得更快、更好。重要的是你自己喜欢，兴趣是最好的老师，也是你前进的不竭动力。

4. 持续学习，不断完善成长体系

在成长体系中最关键的因素就是持续的学习能力，通过不断地学习，对系统进行不断完善和提升。这在任何投资领域都是一样的，投资体系不是建立起来就完事了，可以一成不变、一劳永逸。恰恰相反，初步建立起投资体系还只是开始，投资体系必须在不断学习中去补充和完善，这个过程也是没有终点的。因为时代在变、行业在变、企业在变，任何事物都在不断发展演变，而唯一不变的就是与时俱进、适应改变，在变动中学习和成长。那些投资大师都是学习的高手，巴菲特就是圈内出了名爱看书学习的典范，而其老搭档查理·芒格被称为“行走的图书馆”，其阅读和学习的范围十分广泛，事实上跨学科、跨界学习更有利于完善投资体系。

强大的投资体系来自不断的持续学习，就像企业构筑自己的护城河一样，持续学习的能力越强，投资体系的护城河就越坚固。

五、投资成长的本质就是认知能力的成长

认知能力体现的是一个人对外界事物认知的程度，人与人之间的差距的本质就体现在认知能力上。投资成长的本质逻辑就是认知能力的不断成长、升级。认知能力就像是计算机的操作系统，需要定期升级更新，才能满足不断日益增长的需求。认知每提高一个层次，产生的差距可能是指数级的。

认知能力的不同能够带来格局和视野的不同，其能量和影响力也不同。古代的老子、孔子、庄子等先贤对事物的认知达到了极高的境界，他们的思想历经两三千年仍然为后世提供了巨大的帮助，影响着世世代代的中国人乃

至人类。实现认知升级和迭代是一个长期的过程，需要我们具备持续的学习能力，拥有批判性思维，掌握正确认知事物的方法，具备发现事物本质的洞察能力，并且能够用进化的思维视角看待世界。可见，投资成长就是不断地进行自我升级。

六、投资成长的终极目标是为他人创造最大化的价值

我们说人这一辈子最有价值的投资是成长，那么，成长的终极目标又是什么呢？有人认为是财富的积累，有人认为是能力的提升，也有的人认为是心性的提升。我认为都没有错，因为每个人的认知能力不同，追求的价值也不一样。但是，我们这里所说的投资成长主要指精神财富的增长。一个人的价值往往体现在为他人和社会创造价值的能力上。因此，投资成长的终极目标应该是为他人创造价值，这才是成长的最大意义，也是成长的终极意义。

第二章

成长的思维模式

本章重点介绍个人成长的思维模式，包括如何构建自己的思维模型、个人商业模式、成长的复利思维模式和生态思维模式。这些成长的思维模式或模型都是重要的底层思维，掌握了这些底层思维模式，既能够提升对成长的认知水平，也能对成长实践起到指导作用。

第一节　构建自己的思维模型

一、身处知识爆炸的时代

我们生活在一个信息和知识爆炸的时代，每天睁开眼睛的第一件事就是打开手机，看一看有什么最新动态，无论是新闻还是朋友圈，总是要先刷一遍各种社交工具。在上班的路上，只要你愿意欣赏，到处都是广告信息，如户外 LED 大屏、灯箱、公交站牌、楼宇等。到公司后，第一件事就是打开电脑，浏览一下网页、邮件等信息。即使中午吃饭的时候你可能还会抽空浏览一下社交媒体，生怕错过什么新鲜事或是朋友动态。在下班的路上，你也在公交车、地铁里做着“低头族”，通过手机浏览各种信息。晚饭后直到睡觉前的一大段时间，你要么是在看电视，要么是在网络的天地里遨游。通过视频和音频，你迅速地了解到很多信息。

我们就这样每天都生活在一个信息爆炸的环境中。有专家团队进行过专门研究，确信现代人每天平均要接触到 5 万多条信息，我们每天接收的信息量相当于 174 份报纸。这还是 2018 年的数据，现在应该更多。虽然现代人需要信息，但信息过量并不是什么好事，会对我们的生活、工作和人际关系产生负面影响，也会令我们对信息的接收和辨别感到困难。更重要的是，每天大量的信息充斥在大脑里的每个角落，你都没有时间去思考了，总是被庞杂无序的信息牵着走。

除了信息，知识也在以指数级增长。人类科学知识的增长速度完全超出了我们的想象。英国技术预测专家詹姆斯的测算结果表明，人类的知识在 19 世纪是每五十年增加一倍，20 世纪初是每 10 年增加一倍，而近 10 年则为每 3 年增加一倍[①]。据统计，近 30 年来，人类所取得的科技成果比过去 2000 年的总和还要多。事实证明，世界知识的增长速度已经远远超越了每个人的学习速度。

二、有限的人生与无限的知识

这两年爱学习的人越来越多了，学习的平台也如雨后春笋般涌现。爱学习、想成长成为我们每个人生活中非常重要的事。但是有一个矛盾：知识总量越来越大，增长速度越来越快，知识迭代和更新的速度也越来越快，而每个人所拥有的时间却是固定的、有限的。因此，相比浩瀚的知识海洋，我们即使一辈子不吃、不喝、不睡觉，把时间全部用来学习，也无法掌握所有的知识，即使聚焦在某一个领域，知识量也是非常巨大的。

这时，我们不禁要问："如何以有限的时间应对无限的知识呢？"要回答这个问题，一个有效的方法就是要有选择地学习，学习一部分更有用或更有价值的知识，而不是什么知识都学。说到这儿，你就会问：那么，我们又该学习什么样的知识呢？什么样的知识更有用或更有价值呢？

三、我们到底应该学习哪些知识

在生活中，大家每天都在手机的各种社交媒体、视频媒体、网站、公众号中浏览和学习各种碎片化知识，但是总觉得整天学习这些知识也没有什么

① 姜忠喆. 天下一家：网络联通世界［M］. 成都：成都时代出版社，2014.

进步。事实也是如此，碎片化知识和信息对一个人构建思维模型基本没有价值，对认知能力的提升也一样。这些碎片化信息和知识都是二手、三手甚至五手的信息，对于真正想学习和成长来说作用不大。也有些人的确善于记住各种知识，知识量极为丰富，但是他的认知能力并不是很强，并没有构建起成熟和有效的思维模型。也有的人阅读了很多书，却仍然缺乏洞见能力，这是为什么呢？

我们发现，在各种各样的知识当中，并不是所有的知识都有用，也不是所有的知识都能够让你变得更聪慧和更有洞见。但也的确存在这样一种知识，掌握了这些知识能够起到四两拨千斤的作用，能够更有效率地提升你的认知能力和洞见力，通过这些知识构建起的思维模型框架能够让你受益终生。

这到底是什么知识呢？投资大师查理·芒格把这样的知识叫作“普世智慧”。他认为，不需要了解所有的知识，你只要汲取各个学科中最杰出的思想和那些具有普遍指导意义的原理或规律就行了。《好好学习》一书的作者成甲把这样的知识叫作“临界知识”，他给出的定义为：“所谓‘临界知识’，便是我们经过深度思考后发现的具有普遍指导意义的规律或定律。”①

事实上，这样的底层知识不仅在某一学科中适用，在其他领域也具有指导意义，这样的知识往往能够解释更多的现象。因此，这样的知识比一般的知识更有价值。当然，这样的知识也能够提升你的认知能力，帮助你构建多元化思维模型，让你的思考和决策更有效率。举个例子大家可能更容易明白，如“复利原理”，这个原理我们应用更多的是在投资领域。除了投资领域外，你会发现许多事物的发展都符合复利原理，如对知识的学习和积累也遵从这个原理，长期的学习和积累对于个人的收获来说就像复利曲线一样。在后文我还会专门介绍复利思维模式成长，使大家能够更好地认知复利这个底层知识。又如经济学领域的“规模优势”这个概念，它在商业的成败中扮演了至关重要的角色，巨大的规模优势能够使企业成本下降。这个底层知识也能够应用在其他领域中。比如，用户增长存在规模优势，京东购物网站积累了大

① 成甲. 好好学习［M］. 北京：中信出版社，2017.

量用户，为自己的集中采购带来了议价能力，降低了采购成本，而且通过用户的规模优势能够不断延伸自己的商业模式，包括支付、金融和物流等。大数据信息的积累也存在规模优势，100 个消费者的基础信息数据对你可能没有什么价值，但是当你拥有一亿个消费者的消费信息和数据时就具有了大数据的意义，能够产生很多有价值的信息。

城市的容量和发展也存在规模优势，在杰弗里 · 韦斯特所写的《规模》一书中显示："城市规模每增长一倍，只需要增加 85% 的物质基础设施。这些基础设施包括管道、道路、电线的总共长度、加油站数量等设施。因此，一座拥有 1000 万人口的城市与两个各自拥有 500 万人口的城市相比，需要的基础设施数量要少 15%，这便带来了材料和能源的巨大节约。"①

当然，这样的底层知识还有很多，如大家非常熟悉的"二八定律"，也叫帕累托法则或关键少数法则，是 19 世纪末 20 世纪初意大利经济学家帕累托发现的，他认为在任何一组东西中，最重要的只占其中一小部分，约 20%，其余 80% 尽管是多数，却是次要的。这个定律应用十分广泛，尤其在社会学及企业管理学等领域。20% 的客户贡献了 80% 的企业利润；20% 的市场人员贡献了 80% 的市场份额；在一个行业中，20% 的强势品牌占有 80% 的市场份额。20% 的人口占有世界 80% 的财富；一个人 20% 的有效工作时间解决了 80% 的工作；在股市投资中，20% 的投资者在挣钱，80% 的人在亏损。

"二八定律"在个人成长和时间管理方面也有重要的指导意义，我们要学会避免将时间和精力花费在琐事上，要学会抓主要矛盾。就像我们对知识的学习也一样，20% 的具有普遍指导意义的底层知识比 80% 的知识更有用，因此在时间分配上，我们就不能对所有想学习的知识平均分配时间，而是将 80% 的时间花在 20% 的关键知识上，才能起到知识学习的杠杆效应，大大提高学习效率。"二八定律"关于关键底层知识的学习也正好给出了"如何以有限的时间应对无限的知识"这个问题的答案。

---

① 杰弗里 · 韦斯特. 规模［M］. 张培，译. 北京：中信出版社，2018.

四、如何找到底层知识

我们该去哪里寻找和学习这样的底层知识或芒格所说的“普世智慧”知识呢？

查理·芒格在《穷查理宝典》一书中给出了明确的答案，这些知识就隐藏在跨学科学习中。芒格认为，如果你老是集中在一个学科或领域学习，那么你就只有一种思维模型，你在思考或解决问题时就容易受限，就会产生现实扭曲和偏差。就像我们都熟悉的那句谚语一样：“在手里拿着铁锤的人看来，世界就像一颗钉子。”① 因此，我们要想最大化地破除掉思维的局限性，就需要通过不同学科的“普世智慧”构建多元思维模型，将这些底层知识融会贯通、熟练运用。我们所处的世界及整个宇宙都是万物相连的，单学科知识和单项思维模型无法应对这个愈发复杂的世界。正如美国博物学家约翰·缪尔谈到自然界万物相互联系的现象时所说的“如果我们试图理解一样看似独立的东西，我们将会发现它和宇宙间的其他一切都有联系。”

芒格是公认的爱学习的人，他学习那些“普世智慧”的领域涉及历史学、心理学、生理学、数学、工程学、生物学、物理学、化学、统计学、经济学等。芒格在这些学科中学习和吸收那些重要的思想和规律性知识以构建自己的多元思维模型。生活中或科研中的许多重大问题，往往都需要跨学科才能解决的，这也是目前科技发展的趋势，如物理学领域需要数学知识，各个学科之间都是相互联系的。以色列裔美国心理学家丹尼尔·卡尼曼把心理学研究和经济学研究结合在一起，并于 2002 年获得了诺贝尔经济学奖。

跨学科中的底层知识有很多，如数学中的概率知识；生物学中最重要的进化论理论；心理学中的社会认同理论、权威理论、互惠原理；工程学中的断裂点理论；物理学中的临界质量等，每个学科都有自己的重要底层知识。

上文只是介绍了一小部分底层或叫“普世智慧”的知识，在不同学科和领域还有很多这样的知识，如系统思考、边际效用、知行合一、生态系统、虹吸效应、价值理论、市场供给需求理论等。因此，需要我们坚持跨学科学

① 彼得·考夫曼. 穷查理宝典［M］. 李继宏，译. 北京：中信出版社，2016.

习，在不同的领域去学习各种底层知识和智慧，以完善我们的知识体系和思维模型。

五、如何打造多元化的思维模型

我们知道了应该学习什么样的知识，也知道应该到哪里去找这样的知识，接下来我们就应该将这些底层知识联合起来、融会贯通去构建自己的多元思维模型。

1. 构建知识之间的联系，形成网络效应

当你只掌握了一种底层知识时，对于构建多元思维模型几乎起不到任何作用，但是当你掌握了成百上千个这样的知识的时候，它们之间再相互建立联系，你就等于掌握了远超过这个数量的知识，也就是形成了网络效应，你的知识系统将远大于这些知识简单相加之和。一旦形成了网络效应，你的知识构成系统就发生了本质变化，由量变到了质变，过了那个临界点，知识就像产生原子裂变一样，通过各种组合和联系，形成了更多的知识系统和思维模型，正所谓："道生一,一生二,二生三,三生万物。"

2. 思维模型必须形成正反馈循环系统

多元化思维模型框架必须结合自身的经验和实践去完善自身的思维系统，才能做到知行合一，才是一个有效的正反馈闭环系统。随着知识和实践经验的不断积累，这样的思维模型也在不断地调整、修正和完善，不断地在变成熟和强大，在解决问题时才更加客观、更具价值，人的认知能力才会不断增强，才会超越比自己更聪明的人。未来人与人之间的竞争不是比谁的知识和信息更多，也不是比谁更聪明，而是比谁的思维模型和知识系统更强大。

六、顶尖高手的思维模型

在生活中，各个领域的顶尖高手其实都在用底层知识去认知事物和解决问题，也在用这样的知识构建自己的思维模型。

投资领域的巴菲特和芒格自不必多说，是这方面的典范。芒格在很多演讲中都强调现代教育存在着一个突出的问题，就是只局限在一个领域或专业学习，他鼓励应该开展多学科、跨学科教育。在科研领域更是如此，迈克尔·法拉第就是以对物理学、化学和电学的研究闻名。现代医学之父威廉·奥斯勒爵士是跨学科思考的先驱，他认为不断地将注意力集中在同一个学科，不管这个学科是多么有趣，都会把人的思想禁锢在一个狭窄的领域之内。在商业领域，无论是苹果的乔布斯还是亚马逊的贝索斯都是拥有强大的多元化思维模型的人。

海尔集团董事局主席张瑞敏也是这样的人。2019 年 6 月，在青岛举行的主题为“创变者：新时代追梦人”的演讲中，张瑞敏讲到，他将很多底层知识应用在了海尔的经营和管理中，形成了人单合一模式，引领了新一轮企业的发展变革。

在这篇演讲中，张瑞敏提到了美国作家西蒙·斯涅克提出的黄金圈理论，三个圈最里面的圈代表“为什么”，也就是你做这件事的“道”，为什么要做。他用黄金圈理论去思考企业的战略和存在价值。接下来，他又提到了熊彼特创新理论。他认为所谓“创造性破坏”就是要把原来经典的、传统的破坏掉，这样才能去创造新的。海尔的人单合一模式就是对传统科层制、职能制企业范式的破坏，去掉中间层，去掉 KPI（Key Performance Indicator：关键绩效指标），变成一个生态组织，做到“三零”，即用户零距离、企业零延误、流程零签字。张瑞敏还指出，在物联网时代，企业要有动态能力，具备不断更新企业核心竞争力的能力，形成网络生态的竞争力，不然早晚有一天会被别人颠覆。要具备这种动态能力，也就要求企业和其领导人要具备黑格尔所说的“自我否定哲学”，在自我否定中不断进化。

在这篇演讲中，张瑞敏还运用了很多其他底层知识，包括左哈尔《量子领导者》和《量子自我》中的“量子管理”理论；著名经济学家哈耶克的“理性不及”理论；塔勒布关于《非对称性风险》和《黑天鹅》的研究理论；哈佛大学教授哈特的“不完全契约理论”；复杂性科学奠基人布莱恩·阿瑟的“复杂经济”的核心思想；詹姆斯·卡斯《有限与无限的游戏》的核心思想等。当然，也包括老子和庄子的一些哲学思想的运用，这里就不一一做介绍了。通过这篇演讲，能够看出张瑞敏是学习和应用底层知识并通过这样的知识构建自我思维模型的典范，也是大家学习的好榜样[①]。

需要指出的是，看过多少书、记住多少知识和信息并不重要，重要的是你要知道学习什么知识才更有价值，更重要的是通过这样的知识去构建自己的多元化思维模型，在实践中去完善和成长。

“山不在高，有仙则名；水不在深，有龙则灵。”知识不在多，有用才行，有的知识“多即是少”，有的知识“少即是多”，会学才行。

第二节　个人商业模式与财务自由之路

一、什么是财务自由

一提到“财务自由”这几个字，相信很多人眼里都会泛光。可以确定很多人都希望自己能够实现财务自由，而且越早实现越好，有的人还把它当成了自己最大的梦想。那么，什么是财务自由呢？

维基百科给出的定义是：人无需为生活开销而努力、为钱而工作的状态。简单地说，一个人的资产产生的被动收入至少要等于或超过他的日常开支，如果进入这种状态，就可以称之为财务自由。说得通俗点，就是你不用整天再去打工、上班挣钱，靠你的资产或理财产生的利息或分红收入就够你所有生活开销了。实际上，这是很多人都想达到的状态。

我们这里不说那些已经实现财务自由的人，包括一些企业家、明星及自媒体创业者等。我想说，普通人有没有可能实现财务自由？如何才能实现财务自由呢？实现财务自由是简单还是比较困难呢？实现财务自由又与什么有关系呢？带着这些问题，我们一起来往下看。

二、财务的四个阶段

首先，我们要从家庭或个人财务的四个阶段说起。财务的阶段有不同分

---

① 资料来源于新浪网，文章名为《海尔希望成为第三次工业革命的范式》。

法，德国著名理财教练博多·舍费尔在《财务自由之路》一书中介绍了三个阶段，我想在此基础上再加上一个财务收支平衡阶段，将家庭或个人财务分为四个阶段[①]，如图 2-2-1 所示。

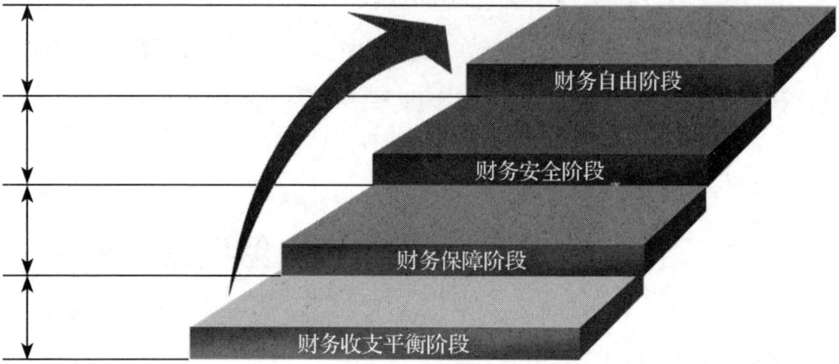

图 2-2-1　家庭或个人财务的四个阶段

第一个阶段：财务收支平衡阶段。这个阶段你挣的钱刚好能够满足你的日常开支，你几乎没有存款和储蓄，一旦有个疾病或意外都得去借钱应对。在这个阶段，你的财务状况随时处在崩溃的边缘，对于个人来说，"月光族"就处于这个阶段。

第二个阶段：财务保障阶段。你拥有一定额度的储备金或存款，能够使你在遇到失业、意外或生病失去收入来源等情况下，保障你几个月的生活开支。这个阶段所需要的财富金额如果用数字计算的话，就是你的每月支出乘以月份数（6 ～ 12 个月）。假如每月支出 5000 元，6 个月保障的话，就是 30000 元，12 月的保障就是 60000 元。

第三个阶段：财务安全阶段。一定的财务保障的确能够让你渡过一次危机，但是，会花光所有储蓄。因此，你必须有更多的储备金。如果你的储备金通过理财或投资带来的利息收入能够满足你的日常基本开支，那么你就处在了财务安全阶段。按照博多·舍费尔的标准，你需要的财富额为每月支出金额乘以 150。假如每月家庭支出 5000 元，那么财富额就需要 5000 × 150=750000 元。当然，这是按照年化 8% 的利息收入计算的

① 博多·舍费尔. 财务自由之路［M］. 刘欢，译. 北京：现代出版社，2017.

结果。

这个阶段的一个特征就是你相当于养了一只可以下金蛋（利息）的“鹅”（本金）。在这个阶段，你决不能杀掉你的“鹅”，也就是本金不能减少。还要求你能够找到具有年化 8% 稳定收益的理财或投资产品。当然，收益率越高越好，但风险也会越高。实现财务安全还不是最终目标，下一个目标就是财务自由阶段。

第四个阶段：财务自由阶段。按照博多·舍费尔的说法，就是能够过上优质生活的阶段。在这个阶段，你的投资或理财利息收入除了能够保障你的基本生活开支外，还能够满足你的一些梦想，如住别墅、买豪车、旅游等。用金蛋实现你的梦想，就是财务自由了。这时候你就需要更大的“鹅”，而且你还能拿出一部分资金用于投资风险略高的项目和产品。

假设过更优质的生活你每月开支为 50000 元，那么，你的财富额按照博多·舍费尔的标准应该为 50000 × 150=7500000 元。这也是按照 8% 的年化收益计算的。每个人对优质的生活和理想的生活要求不一样，实现的年化收益也不一样，因此，每个人达到财务自由所需的财富金额也不一样。但你始终不要忘记的是，永远不要动用你的本金，没有了这只下金蛋的“鹅”，就实现不了财务自由。

了解了财务的四个阶段并且知道了自己所处的阶段后，我们的目标就是实现财务自由。如何实现财务自由还与你的商业模式有关，你需要知道你的商业模式是什么样的，进而才能在你的商业模式基础上找到通往财务自由的路径。

三、个人的商业模式与财务自由之路

1. 个人的三种商业模式

提到商业模式，大多数人可能首先想到的是企业，那么，个人有没有商业模式呢？答案是有的。关于个人商业模式的划分，我想以李笑来在《财富自由之路》这本书里的分法为准。他以一个人出售时间的方式来定义个人的商业模式，据此标准将个人的商业模式分为三种，如图 2-2-2 所示。

第一种：一份时间出售一次。

第二种：同一份时间出售很多次。

第三种：购买他人的时间再卖出去。

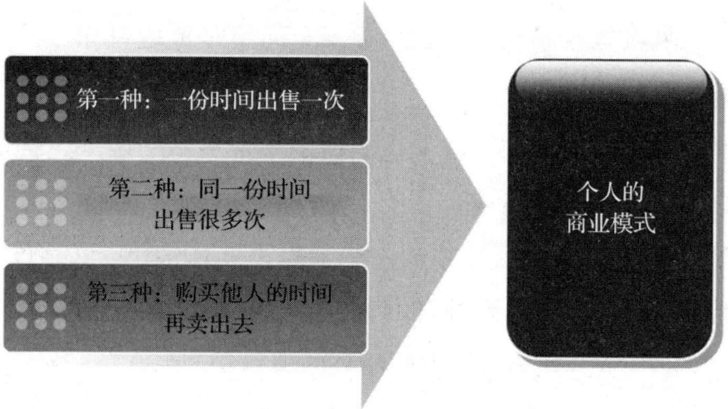

图 2-2-2　李笑来关于个人商业模式的划分

2. 不同的商业模式实现财务自由的路径

不同的商业模式实现财务自由的路径如图 2-2-3 所示。

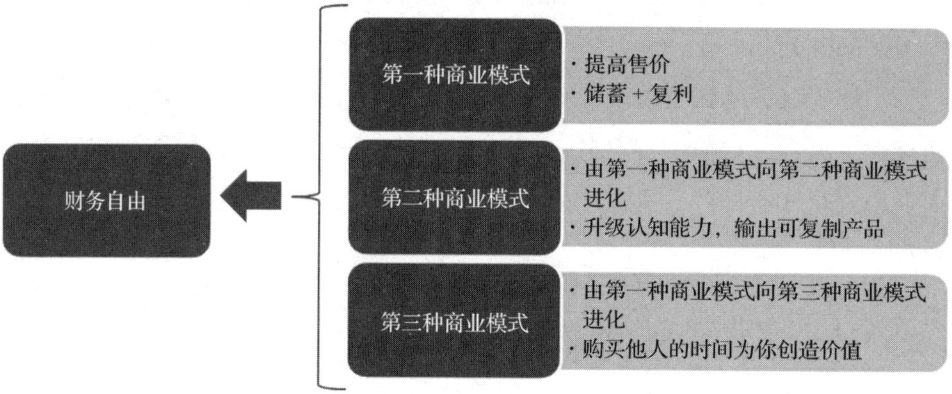

图 2-2-3　不同的商业模式实现财务自由的路径

（1）第一种商业模式主要是指上班族，又分为打零工和固定上班的人，按出售时间来说就是“零售”和“批发”。这种商业模式下，你的收益等于单位时间售价乘以时间数量。如果你想优化商业模式则有两条路径，即提高单位时间售价和增加出售时间的数量。每个小时能够挣 30 元还是 300 元，取决于你给公司创造价值的能力，同样是打工，大公司的高管和小公司的普通员工单位时间的售价有天壤之别。因此，提高单位时间售价是你优化个人商业模式的重要方法。因为增加出售时间数量毕竟有限，再多也就是不吃不喝都在工作，一天也就 24 个小时。

在第一种商业模式下如何实现财务自由呢？我们发现，生活中属于第一种商业模式的人按照“二八定律”可能占到 80% 左右。这一类人实现财务自由要做好以下三点。

一是不断增强你为公司创造价值的能力，进而提高你的单位时间售价。也就是增加收入，增加“开源”。这就需要你在工作中不断学习和成长，看似在给公司或老板打工，其实本质上你在为自己打工。

二是在收入增加的基础上，做好“节流”工作，控制生活开支，建立储蓄池。没有储蓄你就没有那只下金蛋的“鹅”。在很多场合，都有人问查理·芒格这样一个问题：“有没有一种傻瓜也能懂的办法，可以用来确保有足够的钱花或者不为退休后的生活发愁?”芒格给出的答案非常简单：“量入为出，养成储蓄的习惯，日积月累之后，它就会变成一大笔钱，这就是傻瓜也能明白的办法。”

其实，芒格的回答也指出了第三点——把储蓄的钱让它按照复利增长，哪怕是年化利率比较低，30 年后也是一大笔钱。假设你的本金是 30 万元，按照年化 5% 计算，30 年后就是将近 130 万元。按照 8% 计算，30 年后就是 300 万元，应该能够保障一个普通人养老的了。

事实上，普通挣工资的人也是有机会实现财务自由的，就是学会储蓄再加上长期的复利效应，二三十年后就可能是一大笔钱，完全能够满足你的优质生活需求。但也要求你足够自律，坚决执行，永远不去动用那只下金蛋的“鹅”，并且要让“鹅”不断地增大。我认识这样一位老大姐，自从上班挣第一个月工资开始她就拿出三分之一的钱用来储蓄，坚持了近 30 年。现在她 50 多岁了，在一个三线城市拥有 7 套房产，算下来怎么也有 1000 万元的资产吧。这就是储蓄和复利的巨大威力。

（2）第二种商业模式是同一份时间出售很多次。拥有这种商业模式的人一般是从事创意制造类职业，如作家、出唱片的音乐人或动漫制作等。你一旦花费（出售）一定的时间把产品制作出来（书、动漫），就可以重复卖很多次，这样的产品边际成本几乎为零。

在第二种商业模式下如何实现财务自由呢？就是将你生产或制造的内容或产品做到极致，足够专业，才能创造更大的价值。这同样需要你不断学习、积累和刻意练习，在相关领域成为专家。

在这种商业模式下实现财务自由的案例也不少，如得到APP的众多专栏课程的老师，很多通过制造顶尖级专业课程内容实现了财务自由，有的畅销课程能够卖到一两千万元，后续再根据课程出本书，又能够获得更多的收益。他们进而通过投资和理财将巨大的“鹅”变成会下金蛋的“鹅”，自然而然就实现了财务自由。当然，在此种商业模式下实现财务自由也并不容易，毕竟不是每一个作家或创作者都能够做出被消费者认可的、有价值的产品，但这的确是一条可行的路。

（3）第三种商业模式是指购买他人的时间再卖出去。创业和投资就属于这种商业模式，你不用直接出售时间挣钱，你购买他人的时间为你创造价值，然后再卖出去。有的企业做得很大，雇用了上万名员工的时间去创造价值。

在第三种商业模式下如何实现财务自由呢？用投资的术语就是“低买高卖”。无论是投资还是创业，购买他人的时间要做到低买高卖才能实现财富的积累。当然，创业和投资者要想成功，需要有足够的运营能力和眼光，创业成功的人毕竟是少数。在创业的人群中，大部分人不但没有赚到钱，甚至还亏掉了本金，连下金蛋的“鹅”都亏掉了。第三种商业模式虽然在实现财务自由的速度上可能比前两种商业模式更快，但同样不容易实现。但对于敢于冒险和承担更大风险的普通人来说，创业也许是实现财务自由最好、最快的一条路。

3. 不同的商业模式之间可以相互转换

如果你属于第一种商业模式，可以向第二种商业模式转换，你可以在一个行业或领域干了很多年后，通过不断深入学习和研究成为专家，变成自由职业者，进入第二种商业模式。还有的人是在第二种商业模式中长期积累后又开始了创业，开办自己的公司，于是就进入了第三种商业模式。

许多大企业的高管积累了足够的经验后，有的出书，有的做起了咨询，有的创办了自己的公司。在三种模式之间转换，可以做到了更快速地实现财务自由。大家一定要清楚个人商业模式转换的前提，即不断学习和成长的能力非常重要，没有这个前提，转换不好就可能导致失败。

四、选择用自己擅长的方式实现财务自由

在实现财务自由的路径上，不同的人有不同的方法，没有一种方法适合所有人，因此，要选择用自己擅长的方式才能更好地达成目标。

如果你不敢冒风险，不喜欢创业的生活节奏和方式，也没有创业的激情和动力，只想靠一份稳定的工作挣一份稳定的工资，那最合适方法就是储蓄＋复利。找到收益合适的理财产品或产品组合，长期积累也能够实现财富自由。但一定要记住的是：永远不要动用你的本金——那只下蛋的“鹅”，最好能够使那只“鹅”越来越大。其实，生活往往不如我们预想的那样一帆风顺，对于普通人来说，任何一个变故都可能会动用那只“鹅”，比如你想买房，付首付就需要动用那只“鹅”，父母生病、小孩上学也都是一样。这也就是为什么在普通工薪阶层中很少有人能够通过储蓄加复利的方式实现财务自由的缘故。这个方法虽然简单，执行起来却不容易。

有的人喜欢创业，喜欢冒险，那么选择这条路去实现财务自由可能更适合。从概率的角度来讲，创业成功的概率也是比较低的，中国的中小企业的平均寿命还不到 3 年，这就需要你对行业、客户和市场需求，以及创业的逻辑要有所了解，在实践中学习和成长，不断总结和反思，去提高创业成功的概率，自然实现财务自由的概率也就相应提高了。

如果你能够在某一个细分领域做到足够深入和专业，能够生产自己的内容产品，将自己定位成专家，用第二种商业模式去实现财务自由也许更合适。这需要你有新的创意，提供更好或与众不同的价值内容。移动互联网时代为

这类商业模式提供了更适合的土壤和环境。

无论你选择通过哪一种模式去实现财务自由都要回归理性，认清其中的风险和所需的能力，结合自己的能力和优势资源去选择，做到扬长避短，才更有可能实现财务自由这个目标。

五、四点建议

一是对于普通工薪阶层来讲，实现财务自由很重要的一点就是你要从无到有地养起一只能下金蛋（利息）的“鹅”，最好是将“鹅”慢慢地养大。巴菲特说过：“如果到四五十岁，你还不能在睡觉的时候也赚钱，你就活得太失败了！”只有资本才能够一天24小时为你赚钱，你为别人打工的同时，要学会让资本为你打工。

二是不同职业或商业模式的人都有实现财务自由的机会，但我们也要认清实现财务自由是一个系统工程，不是想象得那么简单，如果你掌握了方法和路径，也不是想象得那么难。

三是实现财务自由这条路没有捷径，不能老想着歪门邪道，那样的财富来得虽然快，但去得也快。

四是无论通过哪一种商业模式去实现财务自由，都需要你不断地去成长和学习，不断修炼自己的内心和德行，才能够驾驭好你的财富，没有正确的价值观和品德修为作为基底，更多的财富只会害了你。正如《周易》中所讲的“厚德载物”，孔子也说：“不患无位，患所以立。”

你准备好实现财务自由了吗？

第三节　成长的复利思维模式

一、什么是复利思维模式

对于复利的概念相信大家并不陌生，也就是我们常说的“利滚利”，在投资领域这是一个非常基础的概念。年复利率水平是衡量一个投资者投资能力的重要指标。拿投资界的股神巴菲特来说，从他 27 岁开始有业绩记录到 87 岁，60 年的业绩达到了 62740 倍，年复利为 20.215%。千万别小看这个 20.215% 的年复利率，在长达 60 年的投资中，这算是将投资做到极致的水平了。在投资界，的确还有更高年复利率的投资者，但其投资年限都比较短。60 年保持这个平均水准，绝对算得上是很高的了。

复利这个概念除了在投资中非常重要，在日常生活中也具有非常重要的指导意义，尤其是在个人成长方面，复利思维是一个十分有用的思想和底层思维。

下面先从复利的基本概念说起。

复利的公式：$F = P(1 + i)^N$。其中，F 指复利终值；P 指本金；i 指利率；N 指利率获取时间的整数倍。

复利是指在计算利息时，某一计息周期的利息是由本金加上先前周期所积累的利息总额来计算的计息方法。在这个公式中，最重要的两个值就是利率（i）和利率获取时间的整数倍（N）。在巴菲特的投资中，利率（i）就是 20.215%，N 就是 60 年，这两个数值的大小就决定了复利终值的大小。

通过复利的公式我们可以看出，复利的本质其实就是做事情 A 会导致结果 B，而结果 B 又会加强 A，不断循环和加强就会形成如图 2-3-1 所示的复利效应的幂律分布曲线，其实这就是复利思维模式。

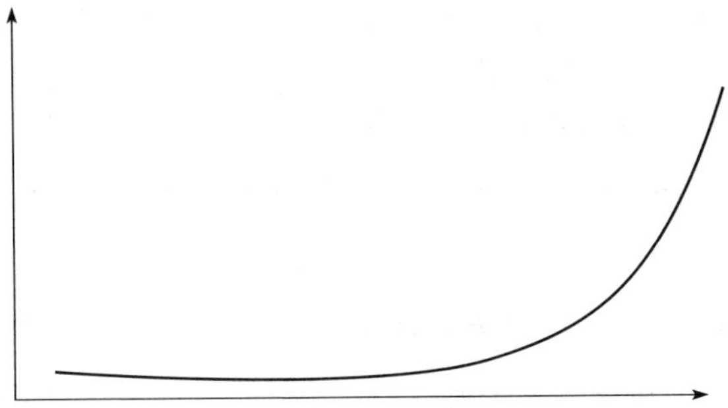

图 2-3-1　复利曲线

数学不太好或是看到公式就头疼的人，可能会觉得复利这东西有什么用呢？其实，公式及计算数值是数学上的问题，我们只需要理解复利这种底层思维就可以了。

那么，通过对复利的概念、公式和本质的了解，能够给我们带来哪些思维上的启示呢？生活中符合复利变化的分布曲线其实有很多，如个人财富的增长、写作能力的提升、运动和健康、网站访问量等。这里，我想重点说的是成长的复利思维。

二、如何理解成长的复利思维模式

1. 具备持续学习的能力是关键

在成长的复利思维中关键是不断地学习，不断学习就会不断成长，而成长又会带来认知能力的提升，进而会加强你的学习能力，如此，必然会产生复利效应，最终带来复利曲线式成长。

假设你是一个工作不久的职场新人，手里攒了 2 万元积蓄。如果你将其用来投资在个人的学习和自我成长上，过几年带来的收益可能是 10 倍，甚至是 100 倍。但是，如果你购买了年化 4% 的银行理财产品，一年的收入不过是 800 元，按照复利计算，翻一倍需要 18 年才能实现。

2. 更重要的是成长速率和执行次数

每个人的人生起点和职业生涯起点都不一样，有的人家庭条件好，有的人毕业于名校。事实上，我们有时候没有办法选择自己的起点，但可以选择自己的终点，起点并不重要，重要的是最终抵达了哪里。

你的人生终点能够抵达哪里，取得怎样的成长终值和成就，关键要看你的成长速率（i）和执行次数的多少（N）。在一定的成长速率的前提下，如果你执行的次数足够多，也就是你坚持成长的时间或年限足够长，复利效应会带来令你震惊的终值。

我们的身边也经常出现这样的现象，毕业于同一所大学的同学，有的去了大城市，有的去了小城市，一晃 10 年过去了，每次同学聚会时，大家会发现有的人已经取得了非常大的成功，而有的人却离起点没有走多远。我们时常感叹这种现象，其实这背后就是努力成长的复利效应所致，每天只比你努力一点的人，几年后其实已经甩你很远了。这也是那些整天混日子的人和每天都在努力成长的人几年后产生巨大差距的原因所在。古话说得好："三日不见，当刮目相看。"如果你每天都在学习和成长，都在提升自己，哪怕一日你也会有新的变化，说的就是这个道理。

3. 在临界点来临之前要耐得住寂寞

看复利曲线时我们会发现，在成长的初始几年，你会觉得成长的效果并不明显。但是，一旦到了某个临界点或拐点后，复利效应带来的变化非常快，就像是在不知不觉中实现了由量变到质变的突破一样。在职场中，你一定听到过那些长期坚持学习和成长的人取得阶段性成就或成长的时候经常会说："过去一年的成长相当于以前几年之和，一年挣的钱相当于过去几年挣的钱。"没错，当你突破了那个临界点，能力和认知水平会快速上升，你的财富也会爆炸式增长，一年相当于你过去几年的积累。

李笑来在其《财富自由之路》一书中讲到成长的复利效应曲线，如图 2-3-2 所示。他将那个临界点叫作里程碑，非常形象。在突破那个里程碑之前，你就一直在成本线之下，一旦突破了那个里程碑点，你将进入快速上升通道。湖畔大学的校长马云也讲过："成功不会一下子无故爆发，而是积累到临界点，水到渠成。"

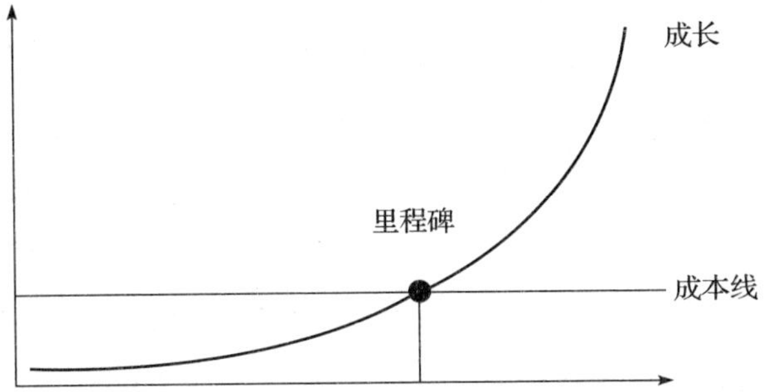

图 2-3-2　成长的复利效应曲线

然而，不幸的是，许多人在其人生的学习和成长上并没有坚持到那个临界点，而那些突破了临界点的人，大都成了各个领域的精英。

有句话说得好："只有耐得住寂寞，才守得住繁华。"在日常生活中，我们往往高估一年取得的成绩，而会低估10年所取得的成就。在你的成长临界点来临之前，决不能放弃持续成长。记住：坚持是一种品格，在成长的道路上，我们都需要这种宝贵的品格。

三、人生就像滚雪球

"人生就像滚雪球，最重要的是发现很湿的雪和很长的坡。"巴菲特一语道出了投资的真谛，其实这就是复利思维。在人成长的过程中，找到那个长长的"坡"很重要，因为那个长长的"坡"能够让你的"雪球"滚动足够多的次数。

在创业和职场中，可以将"坡"比作"势"，长长的"坡"也就是大势，要顺势而为。互联网大势造就了一批又一批人的成功，至少是事业和财富的成功。马化腾、刘强东、李彦宏、雷军、王兴等，就是选对了一个足够长的"坡"。职业发展也是一样，选对行业的"坡"很重要。当你有了长长的"坡"之后，你还要有"很湿的雪"，可以将"很湿的雪"比喻成学习的能力，也就是成长的速率。在人的成长过程中，如果你拒绝学习，就不会粘住更多的"雪"。即使你滚动的次数再多，也不会变多大。努力精进，不断吸纳，你才能够容纳得更多，吸收得更多，能量才会变得越滚越大。

在"雪球"滚大之前，你一定要耐得住寂寞。"雪球"开始会非常小，滚动的过程也许很枯燥，但只有不断地坚持、累积，"雪球"才会慢慢变大。就像"复利"一样，时间越长，威力越惊人。尤其是过了那个临界点，你就会进入人生的快车道。

面对长长的"坡"，重要的是坚持到底。如果半途而废，"雪球"就会停滞不前，不再变大。持续地积累才能实现质变，所有的专业高手都是私底下加倍努力、持续精进的结果，不是一朝一夕就可成功的。有句话说得好："成功没有电梯直达，只能拾级而上。"同样，"雪球"不会自己变大，只能沿着"长坡"滚大。

复利效应是强大的正反馈效应，它是认知和行动的完美统一。在本节的最后，我还想再强调两点。一是我们的时间和注意力都有限，一定要将你的注意力放在那些具有复利效应的学习和成长上。二是我们要专注且只专注于自己的持续成长。

第四节 生态思维模式的成长

一、生态思维：你不进化，就会僵化

海尔集团董事局主席张瑞敏说过："所有的企业就是两个选择：要么自进化，要么自僵化。"我觉得这句话说得非常好，企业是这样，个人的成长不也是如此吗？达尔文的进化论也指出，生物都是在不断进化的，不进化就会在自然选择中被淘汰。如今，身处竞争激烈且人工智能高速发展的时代，无论你是一个创业者，还是一个职场上班族，我们都面临着像企业一样的两个选择：要么自进化，要么自僵化。

对于个人来讲，如果你不主动进化和成长，很难适应当下的生存环境。这个时代，淘汰一个人和一项技能的速度越来越快。辛辛苦苦在大学中学习的知识和技能，一毕业就被淘汰了百分之七八十。十几年前，在公司里你会开车就会很吃香，而且司机的工资也不低。如今，司机的工资基本没涨多少。而且随着私家车的普及，会开车已经算不上是一项技能优势了，而是一项人人都应该掌握的基础技能。再过几年，随着自动驾车的发展和普及，不仅开车不是一项技能，甚至连出租车司机都会下岗。换句话说，我们所处的时代与过去完全不一样了，过去一个技能够你"吃"一辈子"饭"的，现在用不了几年，你的技能就得不断升级，否则就会被淘汰。

所以说，你不进化，就会僵化，甚至是被淘汰，唯有不断地进化才能适应这个时代的发展，这不是你愿不愿意进化的问题，而是你必须得选择的问题。因为我们无法改变自然和时代的发展，作为其中一员，你没得选择，你

就得不断进化。

二、进化的最终目标是打造一个生态模式系统

生态系统往往指自然界中由生物环境构成的动态平衡系统。例如，我们已知的自然界中最大的生态系统就是生物圈，而我们都知道的热带雨林系统是最为复杂的生态系统。自然界的生态系统一般都具有开放性、可持续性及自我进化性等特征。而且生态系统还需要不断地有能量输入，才能使之保持自身的稳定性，否则的话就会面临崩溃的风险。借鉴生态系统的基本特征，我认为个人成长和进化的理想状态和最终目标就是把自我成长变成一个类似自然界的生态模式系统。

这个自进化成长的生态模式系统又有什么样的特征呢？

1. 自开放性

要实现成长的自进化，首先得把自己变成一个开放的系统。只有开放的系统才能不断地吸收新东西，排除掉旧东西，让自己持续地更新，这样才能不断地自进化。只有开放的系统才能确保系统的鲜活和生命力，成长也是如此。你把自己封闭起来，不再接受新事物，不再学习新知识，不再增加新体验，那么你就无法发生改变，也无法自进化和更新，只会变成没有活力和生机的一潭死水。

好像我经常去跑步的公园里的湖水一样，有一段时间湖面总是散发着一股恶臭味儿，十分难闻，湖面还漂着许多死掉的小鱼小虾，没死的小鱼拼命向上游到水质稍好的地方聚集，时不时冒出水面。经过了解之后，我才知道，因为暴雨导致城市排水系统发生了堵塞，湖面东侧污水倒灌，水质一下子受到了严重的污染。湖水没有了自我更新能力，排水受堵，污水无法及时排除，成了一个近于封闭的系统。其结果就成了一潭死水，没有了往日的清新和活力。

著名的未来学家凯文·凯利在其《技术元素》一书中写道："所有的公司都难逃一死，所有的城市都近乎不朽。"[①] 为什么他会这么说呢，因为他认为

① 凯文·凯利. 技术元素［M］. 张行舟，余倩，周峰，等译. 北京：电子工业出版社，2012.

所有的企业都是封闭的，都想做一个有围墙的花园。有时候企业越大，其封闭得就会越严重。而城市则不同，可以存在几百年甚至上千年，因为城市是一个比公司更加开放的系统。城市商业街的店铺换了一代又一代，而商业街本身依旧繁华。他说的这个道理，是指无论企业还是个人成长，都需要不断地进化，而自进化的第一步就是要成为一个开放的系统。只有成为开放的系统，才能吐故纳新，才能实现更好地自进化，不然就会变成一个没有活力和生机的僵化系统。

2. 自驱动性

生态模式的成长还应该具备成长的自驱动特征，这样才能使人不断地自进化。什么是成长的自驱动性呢？其实就是一个人自我成长的积极主动性和动力性。这个自驱动性不是被迫成长带来的，而是发自内心主动想成长的内在驱动力。

在日常生活中，我们不难发现，那些各个领域的成长高手都是有着强大的内在驱动力的，而不是被别人拿着鞭子驱赶着成长的。这些年，我阅读了很多通过快速成长取得一定成就的人出版的书籍，如写过《人生效率手册》和《精力管理手册》等书的作者张萌，就是一个具有强大自驱力的人。自2017年至2020年，在不到四年的时间里，其已经出版了五本专著，同时管理着多家公司和机构，而且坚持锻炼身体，每年阅读200本书以上。为什么她能够成长得那么快，就是源于她的个人成长系统中的强大自驱力。她给人的印象永远都是活力无穷、能量十足。

在个人成长系统中自驱动的力量源泉又来自哪里呢？我觉得是一个人内心对于成长的强烈渴望，没有对成长的强烈渴望，没有成长的梦想和目标，就不会有成长自驱动的能量。一个整天躺在舒适区里睡大觉的人何来自我驱动呢！

3. 自增值性

生态模式成长的第三个特征就是在个人成长的生态系统中还必须具有自我增值性，主要是指一个好的成长生态系统能够使人的价值不断增值。一个人的自身价值只有不断增长，才能不断地进行自我进化。个人成长说到底就是个人价值不断升值的过程，那么，我们该如何做好自我增值呢？最为重要的方法就是不断地学习，向有价值的书籍学习，向身边优秀的朋友学习，向那些指引你成长的老师学习，向生活中的实践学习。不断地学习和实践才能使自身不断地增值，不断地学习和增值也就是不断为成长系统增加能量的过程，保持整个成长系统的正向增长。一个人不断增值的过程其实也是自我迭代的过程，自我迭代也是自我进化的一部分。

4. 自反馈性

成长的生态模式系统还有一个重要的特征，就是自反馈性。它指的是在个人成长的过程中，不断地通过反思、自省、复盘等方法给成长的效果及时提供反馈信息，通过反馈信息再进一步提升和完善成长的系统。

当我们做一件事时，能够在实践中不断得到反馈信息，就能够更好地改善和提升，更容易取得进步。人们在刻意练习的过程中也强调即时反馈的重要性，及时发现自己的不足才能不断精进。事实上，成长系统的自反馈性是非常重要的一个环节，只有得到及时、准确的反馈，我们才能不断进步。

需要指出的是，无论我们是打造超级个人品牌，还是实现人生的巨大成长，都需要打造一套具有自开放性、自驱动性、自增值性、自反馈性的生态系统，这样才能不断地自进化。

一个人的成长不是依赖一个点或是一个面，而是依赖一个立体的系统，通过打造一个高效成长的生态模式系统，才会成长得更快、更好。

第三章

成长的突破思维

人生的成长就是不断突破自我的过程，在成长的道路上应该具备哪些突破思维呢？如何突破个人成长的极限，如何通过刻意练习成为顶尖高手，如何突破我们的思维壁垒，拥有创新能力呢？在本章，我们将针对这些问题进行探讨。

第一节　突破极限，实现二次飞跃

一、个人成长也会遇到极限或瓶颈吗

要想回答一个人的成长会不会遇到极限或瓶颈这个问题，我们首先来看一个概念——“S曲线”，通常也叫“第一曲线”，如图3-1-1所示。“S曲线”一般用来描述经济增长、行业和企业发展、技术提升、产品创新等方面，随着时间的推移，它们最后的增长形态都会呈现“S曲线”。

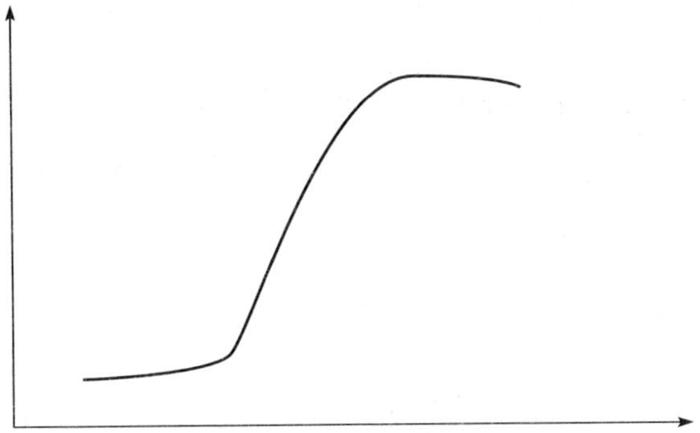

图3-1-1　S曲线

管理学大师查尔斯·汉迪在其著作《第二曲线：跨越“S型曲线”的二次增长》中，做出过这样的论断：“任何一条增长的S曲线，都会滑过抛物线的顶点（极限点）。”[①] 也就是说，无论是技术、产品、行业或是公司等，一定会达到极限点。

事实上，S曲线可适用的范围非常广，就像混沌大学创始人李善友说的：“你几乎可以将它代入一切事物的发展周期当中。”[②] 而我们个人的成长也符合S曲线这一基本规律，即每个人在成长的过程中都会遇到极限点或瓶颈。

二、为什么我们会遇到成长的极限

这还要从前文提到过的成长复利曲线说起。我们都知道，一个人的成长也是遵循复利效应的，当你持续地学习和成长，就会有累加效应，过了那个临界点或叫拐点，就会迎来快速的成长。

如果按照成长的复利效应曲线来看，那不就意味着人会无限地成长下去，而且成长的速度也会越来越快吗？为什么还会遇到成长的极限点呢？为什么还会由复利曲线变为S曲线呢（见图3-1-2）？

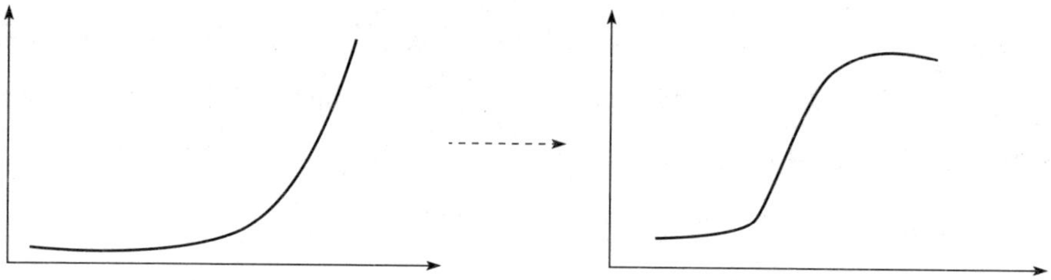

图3-1-2　成长的复利曲线变为S曲线

要解答这些疑问，首先我们必须要对复利曲线成立的两个前提条件有充分的了解。一个是利率值保持不变，一个是重复的次数足够多。

但是对于个人成长来说，谁都没有办法5年、10年、20年甚至一辈子都保持同样的成长速率，而且执行的次数也无法保证。你可能在三五年甚至10

① 查尔斯·汉迪. 第二曲线：跨越“S型曲线”的二次增长［M］. 苗青，译. 北京：机械工业出版社，2017.

② 李善友. 第二曲线创新［M］. 北京：人民邮电出版社，2019.

年内都保持着较好的成长效率，但人毕竟不是机器，总会受到其他因素的影响，而无法按照复利曲线一直成长下去。比如突然生病了，休息了一段时间；或者自己变得懈怠了，降低了学习的效率等。

在经济学里有个概念叫“边际效用递减”，人的成长也符合这个原理。不管你再怎么努力学习和成长，也同样会面临成长的“边际效用递减”，也就是我们说的会遇到成长的极限点，由复利曲线变为S曲线。

其实，一个人的成长是一个系统，这个系统一旦形成正反馈效应就会增长得比较快，但是不会无限地循环和增长下去，总会受各种内在的或外部的因素影响，不可能一直正反馈循环下去，这也是所有系统的一个基本特征，是一个动态的平衡过程。

事实上，在这个世界上，无论是人类、动物或是我们所创造的各种产品，所有事物的发展最终都会面临一个“生命周期”的自然规律，都会经历从诞生到成长、从成长到衰退的过程。这是自然的根本规律，无论是人类、生物，还是城市、国家，都遵从这个底层规律。

个人的成长也是如此。在某一个领域，人在持续成长和精进的过程中，终究也会遇到极限点或瓶颈。就连世界上最伟大的物理学家爱因斯坦，在物理学领域里也遇到过自己的极限点，如他在职业生涯后期对量子力学的极力否定就属于这种情况。后来连他自己也颇有感慨：“为了惩罚我对权威的蔑视，命运把我变成了一个权威。”

从认知的角度讲，任何一个人的认知都是有边界的。我们普通人如是，爱因斯坦也如是，有时候，甚至你所拥有的还会成为限制你的。所谓成长其实就认知能力的不断提升，任何人的认知能力都不会无限提升的，而是会遇到极限点和瓶颈，这个极限就是你的认知边界。这就是为什么说我们个人的成长不会永远按照复利曲线发展下去，而会遇到极限点，发展成为S曲线。

三、如何突破自己的成长极限

我们既然知道了人的成长会遇到极限点或瓶颈，那么，这个极限点和瓶颈是阶段性的还是永久性的呢？我们有没有办法突破这个极限点，迎来再一次的飞跃式成长呢？

首先，我们来看第一个问题："我们遇到的成长极限点是阶段性的还是永久性的呢？"对此问题的答案其实是因人而异的，成长的 S 曲线的极限点对于很多人来讲，可能是这一辈子的一个成长极限点。也就是说，许多人一辈子只经历了一次成长的极限点，甚至有的人连复利曲线的拐点或临界点都没有突破。然而，生活中也的确有这样一小部分人在遇到第一次成长的极限点后，又成功突破了这个极限点，迎来了人生二次成长的飞跃。

那么，如何才能突破 S 曲线的极限点，实现人生二次成长的飞跃呢？要想找到这个问题的答案，就需要从企业的创新理论中寻找突破口。

在创新理论中，S 曲线被称为"第一曲线"，按照"创新理论"的鼻祖约瑟夫·熊彼特关于创新的分类，属于连续性创新或渐进式创新。而要想突破第一曲线的极限点就要做到"创造性破坏"，如此才能跨越到第二曲线。英国管理思想大师查尔斯·汉迪针对企业创新与变革也提出了跨越" S 曲线"的二次增长，即第二曲线创新。

李善友在其《第二曲线创新》一书中指出："第二曲线创新并不是对第一曲线的改良，而是重新开启新的曲线。"也就是说，第二曲线创新不是在第一曲线基础上进行渐进式的创新，而是在第一曲线的基础上进行突破式创新，属于非连续性创新，如图 3-1-3 所示。

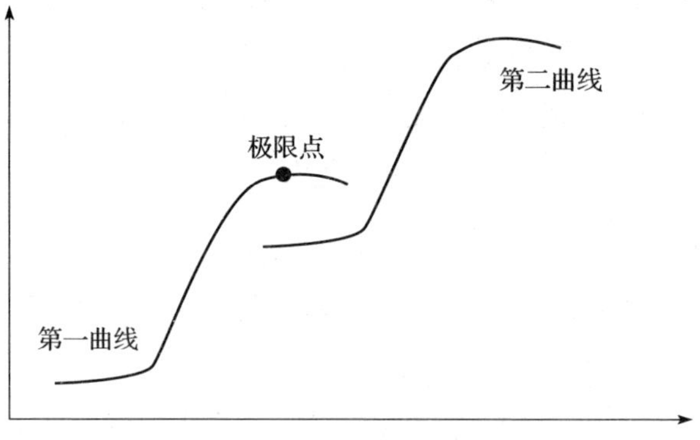

图 3-1-3 第二曲线创新模型

知道了第二曲线创新的概念，那么，我们又该如何实现从第一曲线到第二曲线的跨越，第二曲线的成长又给了我们什么启发呢？

1. 分形创新实现人生的二次飞跃

如何由第一曲线变为第二曲线，李善友在其《第二曲线创新》一书中利用生物学的进化与企业创新的同构性（事物的同构性是指世界上的一切事物都具有相同或相似的系统结构），指出企业由第一曲线向第二曲线创新的过程为"分形创新"，如图 3-1-4 所示。

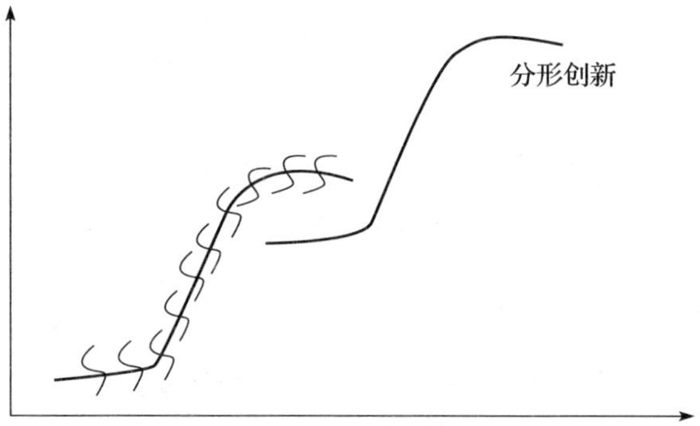

图 3-1-4　分形创新示意图

这里有必要先了解一下分形的定义：一个粗糙或零碎的几何形状可以分成数个部分，且每个部分（至少近似地）是整体缩小后的形状，即具有自相似的性质。

分形理论是美籍数学家曼德布罗特（B. B. Mandelbort）首先提出的，这个理论是关于局部形态和整体形态的相似性。他在那篇著名的论文《英国的海岸线有多长？统计自相似和分数维度》中说道："在没有建筑物或其他东西作为参照物时，在空中拍摄的 100 公里长的海岸线与放大了的 10 公里长海岸线的两张照片，看上去会十分相似。事实上，具有自相似性的形态广泛存在于自然界中，如连绵的山川、飘浮的云朵、岩石的断裂口、布朗粒子运动的轨迹、树冠、花菜、大脑皮层……"① 曼德布罗特把这些部分与整体以某种方式相似的形体称为分形（Fractal），分形结构如图 3-1-5 所示。

① 曼德布罗特. 英国的海岸线有多长？统计自相似和分数维度［J］. 科学，1967, 156(3775).

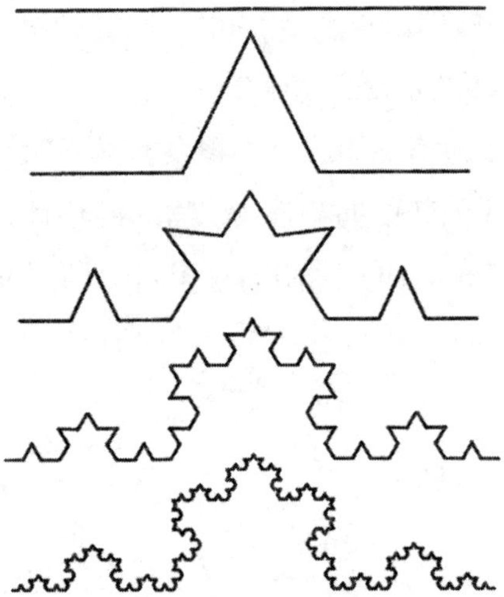

图 3-1-5　分形结构

企业的分形创新指企业的二次创新都是从第一曲线中生发出来的，每条S曲线又是由很多的小S曲线组成的。我们说的第二曲线就是源于第一曲线的分形创新。阿里巴巴在第一曲线主营业务上分形出支付宝，亚马逊电商平台分形创新出云计算服务，美团在团购业务上分形出外卖业务等，都属于这一概念。

个人的成长其实与企业创新具有同构性，个人成长的第一曲线也可以分形创新出第二曲线来。因此，要想突破第一曲线的极限点和瓶颈，就要利用分形创新，在第一曲线的分形创新中生长出第二曲线，实现人生的二次飞跃。

著名的天使投资人、真格基金创始人徐小平在新东方实现了人生第一曲线的飞跃，后来离开新东方做起了天使投资，成立了真格基金。2016年，他入选美国《福布斯》杂志“全球最佳创投人”榜单。徐小平就是在第一曲线经历的基础上分形出投资的第二曲线，实现了人生的二次飞跃。

带领大家一起读书的樊登，最早在央视做主持人，后来有机会给企业做培训，即整理书的核心内容，再加上自己的理解，做出PPT来讲课。后来他想一年收费300元，发给你50本好书的PPT不也很好吗？但又发现人们更喜欢通过听书的方式来学习，于是就有了樊登读书这个新平台。其实樊登读书也是樊登成长过程中分形出来的第二曲线，他的第二曲线离不开在第一曲线形成过程中的积累和努力。

2. 第二曲线就是突破自我的认知边界

从成长的第一曲线所分形出来的第二曲线，其实就是在第一曲线的基础上实现了认知的突破。很多时候，我们以前获得的认知，同时也是禁锢我们成长的最大力量和障碍。我们通过第一曲线获得的认知会带来认识禁锢，导致我们很难突破自我的认知边界。很多人在到达第一曲线极限点的时候，就开始走下坡路了，一辈子都没能突破自我。事实上，你过去的成功也许会成为你未来的最大障碍。因此，要想实现第二曲线的人生二次飞跃，就要突破自我的认知边界，提升自己的认知层级和维度。

滴滴出行创始人程维对此有过生动形象的比喻，他说，每个人就像鱼缸里的鱼，而鱼缸则是我们每个人的时空边界，我们很难知道边界之外的空间到底有多大。这是他在人生迷茫的时候，每天对着鱼缸思考之后的感悟。也正是这次认知上的突破，让他走出了瓶颈，突破了自己的极限点，迎来了人生的二次成长和飞跃。他从阿里巴巴普通销售做起，一直做到了部门最年轻的区域经理，很快就到达了人生第一曲线的顶点，之后便陷入了一段人生的迷茫期。后来通过对家里鱼缸的思考，突破了自己的认知边界。他不想让自己局限在阿里巴巴的边界里，于是离职后创立了滴滴出行，实现了人生的二次飞跃成长。

小米公司创始人雷军也经历了人生的两次大的飞跃，也就是从第一曲线成功跨越到了第二曲线。第一曲线是指他在金山软件时期，拼搏了 16 年终于等来了 2007 年金山软件的上市，同时这也成了雷军的第一曲线极限点。在金山软件期间，雷军是有名的工作狂，勤奋且拼命，每天工作不少于 16 小时，将金山软件管理得非常好。但他发现，即使自己付出了不亚于任何人的努力，与同一时期的互联网巨头相比还是掉队了，于是发出了这样的疑问："我比马云创业早 10 年，比他更勤奋，为什么还是落后了？"后来，经过深度的思考，终于在四十不惑的年纪想明白了努力与成功的关系。他总结道："聪明、勤奋不保证你能成功，真正重要的是顺势而为。"于是，2010 年雷军创立了小米公司，并于 2018 年成功在香港上市，市值远超金山软件。

其实，雷军创立小米公司就是突破了第一曲线的极限点，迎来了第二曲线的飞跃。成长的第二曲线就是认知的第二曲线，只有认知实现大的突破，才能形成成长的第二曲线。

四、敢于重新定义自己

一个人在成长过程中总有遇到瓶颈或极限点的时候，突破的关键就是如何跨越到人生成长的第二曲线。第二曲线成长也意味着有时候面对瓶颈你要彻底地改变自己，敢于重新定义自己，开辟一条与当前（第一曲线）完全不同的新道路。这也要求我们对熟悉的问题和事物要拥有全新的认知和视角，这样才能突破自己的认知边界，实现人生的第二曲线成长。

我还想强调一点，注重第二曲线的成长并不意味着第一曲线不重要，没有第一曲线的成长和积累，就不会分形出第二曲线。事实上，第一曲线的成长非常重要，是第二曲线成长的土壤和根，第一曲线成长得越好，越容易分形出第二曲线。如果你在某个领域的第一曲线都没有什么作为，没到达极限点，甚至连第一曲线的拐点都没有过，就不会分形出第二曲线。所以说，我们要在自己的第一核心领域（第一曲线）做到足够好，才更容易分形出第二曲线来。就如同下面这句话说的："只要将眼前的事情做到极致，下一步的美好自然会出现。"

时代发展的速度越来越快，创新和颠覆每天都在上演，第一曲线的技能有时候很快就会被淘汰，每个人都需要努力突破自己的成长极限和认知边界，以适应这个变幻莫测的新时代。

第二节　如何从新手变成行业顶尖高手

一、成为顶尖高手靠的不是经验和天赋

在生活中，你是否羡慕过那些在某一方面或领域非常厉害的人？也就是我们常说的那些专家或顶尖高手，如围棋冠军、畅销书作家、钢琴王子、绘画艺术家等。你是否想过自己有一天也能成为某一领域的高手？

很多人都羡慕过，很多人也想过，却很少有人能做到。是因为自己的天赋不够，还是因为经验不足呢？事实上，二者都不是，成为某一领域的顶尖高手并不全是依靠天赋和经验。因为有天赋的人如果不努力、不练习一样成为不了顶尖高手，而没有天赋的人经过后天的努力也一样可以成为专家。我们不能否定天赋在特定领域的作用，但它并不起到决定性的作用，尤其是在很多不太依赖天赋的领域。

在某一方面经验丰富的人也不一定会成为顶尖高手。举个简单的例子，开了 20 年车的司机，可能仍然成为不了专业赛车手，甚至车技也可能比不过只训练一两年的赛车手。读书也是如此，有的人看了一辈子的书却依然没有成为专家，认知能力也没有提高太多，而有的人只看了几年的书，就成了顶尖高手。所以说，能不能成为某一领域的顶尖高手并不完全取决于看书时间的长短及看书量的多少。

既然天赋和经验都不能保证一个人成为某一领域的顶尖高手，那么，到底什么才是最关键的因素呢？

答案是刻意练习。心理学家安德斯·艾利克森的研究发现：决定伟大水平和一般水平的关键因素既不是天赋，也不是经验，而是刻意练习的程度。即使我们认为的那些天才也是经过了大量的刻苦练习才取得成功的[①]。

为什么顶尖高手做的刻意练习与普通人经验的增加导致的结果不一样呢？

二、顶尖高手都这样做刻意练习

1. 刻意练习并不是简单地重复

顶尖高手的刻意练习并不是简单地重复，而是有目的地针对问题和不足进行练习。也就是他们的练习旨在不断地完善和提高水平，而不是达到一定水平后就停下来止步不前。

我们都知道韩寒是一个专业的赛车手，他平时都是有目的地练习，甚至

① 安德斯·艾利克森. 刻意练习：如何从新手到大师［M］. 王正林，译. 北京：机械工业出版社，2016.

包括体能强化训练、颈部肌肉强化训练、赛道适应性训练、反应速度训练、观察能力训练等，专注于每一个细节的训练和改进。说得简单点，在职业领域，你的练习就是在不断地挑战自我极限的过程。我们都看过韩寒导演的电影《飞驰人生》，作为一个赛车手想要夺得冠军是要付出极大的努力，并坚持不懈地练习的。

而普通的司机就完全不一样了，甚至都不能说他们是在练习，而只是在达到一定的技能水平后不断地做着简单的重复性动作，也可以说是一直处在一个舒适区内。因此，我们能够发现，顶尖高手的练习始终处在学习区，而不是舒适区，普通人的大部分时间是停留在舒适区，而不是学习区。这就是二者之间的差别。

刻意练习要求每当达到一个舒适区，就要再次跳出舒适区，始终在学习区里练习，如果你从来不迫使自己走出舒适区，便永远无法进步。比如，我们平时提高写作能力、阅读能力等技能的时候也是一样，不能只是简单地重复，而是要针对自己的不足不断地改进和练习，所以跳出舒适区才能带来成长。

2. 顶尖高手刻意练习的秘密

（1）态度专注。我们知道，人只有在专注的情况下才能更好地提升技能和水平，顶尖高手在练习时都是十分专注的。著名的韩国顶尖围棋选手李昌镐在其《不得贪胜》一书中提到了赛后的复盘，他每次比完赛后都会一个人全神贯注地复盘当天的比赛，在专注的复盘中获得新的收获。当我们学习任何一项技能时，要想取得进步，都必须把注意力全部集中在你的任务上，专注于每一个细节的改进，专注于每一次的练习。极致专注是顶尖高手刻意练习的重要特征。

（2）领域专注。专注还有另外一层含义，即要想在当今的社会中成为专家或顶尖高手，你必须花大量的时间专注在一个领域刻意练习。事实上，每一个领域的竞争都很激烈，我们一般人很难在两个及以上领域内同时成为顶尖高手或专家，毕竟我们的精力和能力都有限。

还要注意的是，在选择刻意练习的领域时，最好能够结合你的个人兴趣，同时还要看你在这个领域里有没有一定的优势。另外，还要保证这个领域能让你挣到钱。虽然荣誉也很重要，但是一个人事业的发展是离不开基本的财务保证的。

3. 练习必须获得有意义的反馈

不论你在努力练习什么技能，都需要正确的反馈来准确辨别你在哪些方面还有不足，以及为什么会存在这些不足。这也就是为什么顶尖的运动员都必须有教练的原因，虽然教练不见得比运动员的水平高，但是教练可以起到反馈的作用。只有持续地收到反馈，才能知道自己练习得好不好，练到了什么程度，还有哪些不足，距离理想的训练目标还有多远。

拿写作来说也是一样，如果你只是闷头自己写，没有得到任何反馈，那么进步的速度就会比较慢，而要是有专家或高手时不时地给你指点一下，提高的速度就会更快。我们经常说名师出高徒，就是因为名师能够给你不断地提供有价值、有意义的反馈，让你不断地纠正和改进不足。此外，不断取得阶段性进步的反馈有利于建立自信，让刻意练习持续下去。

4. 刻意练习需有清晰、明确的目标

当你为某一件事或一个技能做刻意练习时，一定要确保练习的目标清晰和明确，如果是模棱两可，缺乏有计划、有目的的练习效果就不会太好。为什么说专业的训练会使成绩提高很快，就是因为训练方法、计划、目的都很明确，能够做到目标细化、具体化的持续练习。而我们普通人练习一项技能的时候，往往容易随意化、模糊化练习，所以水平提高得就比较慢。一个人的目标越清晰，其行动力就会越强。

5. 刻意练习的过程并不轻松

成为任何一个领域的顶尖高手都需要长年累月的持续练习，短则三两年，长则一二十年。练习的过程可以说毫无乐趣可言，甚至十分枯燥乏味，尤其是在竞技体育方面，每一个世界冠军都是用汗水和努力换来的，而不是轻轻松松就得到的。

顶尖高手刻意练习的过程也是内心修炼的过程。可以想一想，当你想在某一技能或领域方面有所成就的时候，你是否付出了足够多的汗水和努力？是否坚持了足够长的时间去刻意练习？还是稍遇到点困难就放弃了？这就是普通人和顶尖高手之间的差别，你若无法忍受在刻意练习过程中的寂寞和枯燥，凭什么能够获得鲜花和掌声？

6. 必须拥有强烈的意愿和企图心

想要成为某一领域的顶尖高手，一个最为重要的前提就是必须拥有对成功和目标的强烈企图心，就像我们常说的，内心有多大，舞台就有多大。你都没想过要成为一个优秀的人，你怎么会为优秀而付出努力呢？没有强烈地成为某一领域顶尖高手的企图心和目标，就不会有持久刻意练习的动力。一个人只有内在的认知有所觉醒，才能产生持久的驱动力。

在生活中，很多人不是没有目标，而是每到年初都制订各种成长目标，如减肥、写作、读书学习等目标，但总是坚持不了多久就放弃了，就是因为内在的认知和企图心不够。不去逼自己一把怎么能够成功，不去挑战和超越自身的极限，怎么会脱颖而出，成为人上人呢？

从一个新手到成为顶尖高手离不开持续的刻意练习，知道刻意练习的方法确实很重要，但更需要强烈的意愿和企图心。有时候，普通人练习一项技能达到一定水平后就停止练习了，也就是练习到成为习惯后就不再进一步练习了，但是我们发现，一旦成为习惯之后，也就进入了舒适区，你只需要下意识去做就行了。但是顶尖高手们不一样，在强烈的意愿和企图心的驱动下，他们会从一个习惯的舒适区再次跳出，进入新的学习区，如此迭代和提高自己的技能，就像顶尖的职业车手一样，使自己成为真正的顶尖高手。

第三节　打破思维壁垒才能突破创新

一、什么是思维壁垒

其实，每个人或多或少都存在思维壁垒，只是每个人的壁垒不同而已。思维壁垒越强、越高的人，其创新能力相对就较弱，而思维壁垒越弱、越低的人，往往创新能力就比较强。在《思维不设限》一书中，心理学家们研究发现：“当我们简单地听到一个词语和想法，我们的大脑就会根据过去的经验形成联系链，而这个联系链经常把我们限制在特定的领域或思维角度中。这意味着我们能够迅速得出结论，排除常规之外的想法。”[①] 这说明我们大脑的思维壁垒常常被限定在特定的领域或思维角度中，具体表现是思维单一、创新能力不足。

思维壁垒就像是围墙，使人们遇到问题总是用习惯的思维方式和角度去思考，跳不出自我的围墙范围和边界。一个人思维壁垒的存在会阻碍其创新的能力和思维，而我们所处的时代又处处需要创新，创业需要创新，职场中工作需要创新，写新媒体文章需要创新，拍网络小视频同样也需要创新，没有创新，就很难在这个同质化竞争激烈的时代脱颖而出。而创新思维和能力的培养，最重要和最有效的一个方式就是打破自我的思维壁垒。只有打破思维壁垒，才能拥有创新思维。

二、如何打破自我的思维壁垒

那么，我们又该如何打破自我的思维壁垒呢？

1. 尝试跳出熟悉的圈子

想要打破思维壁垒，首先一点就是不能一直待在自己熟悉的圈子里，要尝试走出去，多和其他行业、不同文化、跨领域的人进行交流、学习和碰撞，才能让自己的联系链接触到新信息、新概念和新方法。说得通俗一点，其实就是经常和不同的群体和圈子打交道，跳出常规的圈子，接触到新东西，才有利于打破我们的思维壁垒。

美国社会心理学家马克·格兰诺维特在 1973 年提出了“弱联系理论”，即你熟悉的且经常交往的亲朋好友及背景相似的人很难给你提供有用的人脉信息和机会，只有那些熟悉圈外的人才能给你提供有用的信息。他认为，整天跟你混在一起的这帮人，很可能干的事跟你差不多，想法必然也很接近，如果你不知道有一个这样的工作机会，他们又怎么会知道？只有“弱关系”才有可能告诉你一些你不知道的事情。[②]

① 弗朗斯·约翰松. 思维不设限［M］. 刘昭远，译. 上海：东方出版中心，2020.

② 马克·格兰诺维特. 弱联系的力量［J］. 美国社会学评论，1973.

打破思维壁垒就要尝试走出自己大脑和圈子的舒适区，始终待在一个圈子里就容易产生思维壁垒。而创新思维在流动中、变化中、交流碰撞中更容易培养，固化的、不流动的环境很难激发创新意识和思维。

2. 打破惯性思维的路径

北宋文学家苏轼在《题西林壁》一诗中有言："横看成岭侧成峰，远近高低各不同。"说的就是事物往往不止一面，从不同的视角会看到不同的景象。尝试从多个角度去思考，多一个角度就多一个选择和答案，就多一种理解。我们的思维壁垒往往是遇到一个问题就从自己过去的惯性思维出发，从一个习惯的角度去思考，这样就很难有所创新。比如，我们常说的逆向思考就是一个从相反的方向去看问题的方式，这样，往往会得到意想不到的效果。大众公司的甲壳虫汽车的创新就是源于逆向思考。过去人们对汽车的观念还是以空间越大、车身越长、动力越强劲越好，但是甲壳虫汽车反其道而行，强调小巧、可爱、便捷、省油的优势，在结合广告大师伯恩巴克的广告语"想想还是小的好"，一下子颠覆了大家过去的观念，让人们认识到小型车的优点，使甲壳虫汽车成了市场的宠儿，风靡一时。

这就是为什么聪明的人都爱反着想的原因。数学家雅克比说："逆向，永远要逆向思考。"因为雅克比知道，许多难题只有在逆向思考的时候才能得到最好的解决。对司空见惯的事物或观点尝试反过来思考，就有利于打破我们的惯性思维路径，突破我们的思维壁垒。

多角度思考是指可以通过变换视角和尺度来解决问题。比如，面对一个复杂的问题，你可以跳出当下，跳出日常的尺度和视角，从更高的层面、更大的宏观视角寻找解决问题的有效策略，往往也能够有所创新。跳不出当下的局面，就很容易被原有的思维壁垒限制，而从更高、更远的角度看事物，你就会看到完全不同景象。解决和思考问题也是一样，站在更高的维度就容易看清全局，找到问题的关键点。从熟悉的视角跳出来，尝试从多个角度、层面去思考，确实是打破自我思维壁垒的有效方法。

3. 交叉点创新，冲破思维壁垒

前文提到的《思维不设限》一书也讲到了一个帮助我们跳出思维壁垒的

创新方法，它就是交叉点创新。它的原理是：当你踏入各个领域、学科和文化形成的交叉点时，你便能够将现存的概念结合在一起，从而激发出一系列的创意。

在科技创新领域，许多关键性的突破都是通过跨学科交叉实现的。比如物理学领域需要数学知识，生物学家和经济学家及股票分析员一起探讨市场行为的新理论等。据相关资料统计，诺贝尔奖作为世界上最具权威的自然科学奖项，授予跨学科研究领域的研究成果的比例越来越高。随着科技的飞速发展，学科间的界限越来越模糊，其联系却越来越广泛。

1969 年诺贝尔生理学 – 医学奖获得者德尔布吕克领导的“噬菌体研究小组”就是由不同领域的科学家组成的。德尔布吕克来自范德比尔特大学，是物理学家；而卢里亚是哥伦比亚大学医学院的医生；还有一位来自圣路易华盛顿大学的生物学家赫尔希。除了自然学科外，丹尼尔 · 卡尼曼把心理学研究和经济学研究结合在一起，2002 年获得了诺贝尔经济学奖。可见，科学的最前沿领域往往涉及多学科的综合交叉、融合、创新。

除了科学领域外，一个企业也是如此，团队成员文化及背景的多样性非常有利于团队的创新，而相对比较单一化的团队，其创新能力就差一点。因此，越来越多的大型公司开始注重多元化团队构建，吸引多个国家和文化背景的成员加入，促进组织的创新思维和能力。

对于我们个人而言，在工作和生活中，要想突破思维壁垒，也需要掌握交叉点创新思维。好的差异化创意往往来自不同学科和领域的交叉点。比如在音乐领域，从出道以来便被誉为“优质偶像”的王力宏，不仅是一个歌手，还有创作人、导演等多个身份。他在音乐的创作方面就不断运用交叉创新思维，自出道以来，他从未停止过对最新音乐元素的尝试与创新。他把各类优秀的音乐元素加入自己的作品中，创造出了很多优秀的作品。比如，《盖世英雄》将嘻哈和京剧元素结合；他将国外留学时学到的西洋风格音乐融入专辑《公转自转》；而他的第 10 张专辑《心中的日月》结合了西藏、内蒙古和云南等当地的特色，融入了很多民族元素，用“宫商角徵羽”的五音作曲法创造了具有中国风特色的专辑；在主打歌曲《你不知道的事》中，成功地把民乐演奏融入其中，赋予了这首歌极强的古典气息及新的活力。正如他自己所说的："每一次尝试都要勇敢，而且有诚意，要看你的初心在哪，该做的改变和尝试就勇敢去做，不要被思维壁垒左右。"

所以，我们的学习就不能局限在一个领域，跨领域学习能够帮助我们冲破思维壁垒，增强我们的创新能力。

具有广博的知识是拥有创新能力的基础，不断地跨领域、跨学科学习也是突破思维壁垒的关键。因此，我们要养成广泛学习和自主学习的习惯，保持强烈的求知欲和好奇心，建立终身成长和学习的思维理念。

第四节　打开内心防御的枷锁

一、大多数人都活在自我世界里

人类天生就有一种自我保护和防御的倾向，有时候这种对自我的保护和防御就像一个"壳"，有些人的"壳"很坚固，他们不愿意与外界交流，也不愿意改变自我，因此很难有所突破。而有些人的"壳"并不坚固，愿意接纳外面的东西，也愿意改变，而且这个"壳"随时都有可能被自己在内部打破，让自我不断成长。

每个人的内心都被自己在过去的经历中产生的认知能力和思维方式所包裹着，只是每个人包裹的程度不一样，有的人包裹得很紧、很坚固，内心和自我就会成长得很慢，甚至到一定时间就不再成长了。而有的人虽然被包裹着，但是会不断打破旧包裹，形成新包裹，使内心和自我不断地长大，不断地成长，就像我们常说的"鸡蛋从内部打破是生命，从外部打破是食物"。

在生活中，大多数人都喜欢活在自我世界的壳里，因为这里比较熟悉、舒适，但是如果不能突破这个"壳"的话，就很难得到成长。

那么，到底是哪些"壳"在包裹着我们的内心呢？

1. 自我设限思维

自我设限思维对于大多数人来说，就是包裹着自我可能性的一个“壳”。遇到比较难一点的事情或有些挑战的事情就会自我设限，总觉着自己没这个能力，自己怎么努力也做不到。被自我设限思维包裹着的人有一个特点，就是在自己还没有做的时候就开始设想困难，给自我设限。实际上，任何看似困难的事情都要先去做，才知道自己到底能不能做好。

有时候，我们成长的可能性及高度就是被我们自己给限制住了，就像拿破仑·希尔所说的：“你生命中唯一的限制，是你心中为自己所设的限制。”自我设限的人其实不是他没有能力做到，而是他从来不相信自己能够做到。如果摆脱不掉自我设限思维的限制和束缚，我们就很难成长，也就无法突破自我。

2. 自我中心思维

不知道大家是否认同，人类天生就倾向于从一个狭隘的、自私的视角来认识世界，总觉得世界是为我们服务的，我们自身的思维方式就是合理的，而且经常以符合自我利益的方式解释情境和他人的行为。自我中心思维其实就是总把自我放在中心，习惯从自我的角度看待事物和问题。

其实，当我们被自我中心思维这个“壳”包裹着的时候，就会习惯以自己内心的规则去看世界，这本身就是一种防御型心智。这种防御的本质在于不去认知真实的世界，反而让真实的世界臣服于我们头脑中已有的规则。而且，一旦真实的世界不符合头脑中的规则时，我们就会表现出愤怒、焦虑或者沮丧等情绪。自我中心思维越强，包裹我们的“壳”就越坚固，我们就越难以突破自我。

3. 僵固化思维

心理学家陈海贤博士谈及过僵固化思维，其意思是指通过维护“我很强”的自我形象，阻碍我们改变。他认为，保守僵化的思维趋向控制和静止、害怕失败和挑战、维护虚假的自我形象。

不难看出，一旦我们有了僵固化思维，它就会阻止我们改变，也就形成了一个坚固的“壳”。有时候，太过执着于自我并不是什么好事，反而让自己变得保守和僵化。我们要认识到：自己是一个什么样的人根本不重要，你怎么跟世界互动才重要，太执着于自我反而会丢了自我。

二、打开内心才能突破自我

自我设限、自我中心和僵固化三种思维形成了坚固的“壳”，将我们的内心包裹起来，如果不能从内部打破这个“壳”，我们就很难突破自我。大部分人都被这个“壳”包裹得很严实，始终无法实现自我的突破。但也有人能够打破“壳”的束缚和包裹，不断地突破自我，不断地成长，使自己的人生充满了更多的可能，生命也多了几分精彩。那么，我们到底该如何突破内心的束缚和防御，实现自我突破呢？

1. 先学会放下

想要突破内心的束缚和防御，打破包裹的“壳”，我们就要学会放下。需要放下什么呢？放下自我、放下不可能。当你能够放下自我，不以自我为中心，不去维护“我很强”的自我形象时，你就开始走上自我突破的道路了。如果你放不下自我，也就无法从内部打破这个“壳”。就像何权峰在《格局》一书中所说的：“懂得放下心中的‘不可能’，才能释放生命的‘无限可能’。”①

其实，放下对自我的束缚、包袱和枷锁，是突破自我的第一步，也是最重要的一步。放下这些包裹的“壳”，才能迎来新的生命；放下过去，才能迎接未来。不从过去的旧经验和思维中摆脱出来，就无法吸收新经验和思维。就像情感一样，放不下上一段恋情的痛苦，就无法迎接新一段恋情的快乐。所以，想要突破自我，先要放下自我。

2. 试着打开内心

当你能够放下自我束缚的时候，接着就是试着打开自我。我们只有在打开内心的时候，才能开始对世界进行积极探索，才能开始与世界的交流。如果你放下自我之后，没有在包裹的“壳”上打开一扇门，还是不能让新的东西进来。只有我们的心真正敞开，才是与真实世界互动的开始。

---

① 何权峰. 格局［M］. 青岛：青岛出版社，2019.

内心敞开一扇门，灿烂的阳光才能照进我们的生活，如果始终处于关闭的状态，我们就会与外面的世界隔绝，也就无法突破自我。要知道，突破自我非常重要的一环就是自己积极、主动地打开内心的门或是枷锁，别人很难帮上什么忙，必须自己主动去打开。由单一化、短视思维向多样化、多视角思维转化，才能更好地突破自我。

3. 吸收和融合

当我们能够放下束缚和枷锁，也能够主动打开内心的时候，就是与世界的交流、吸收与融合之时。我们的内心就像一个系统，这个系统必须能够与外界充分地交流、融合，才能不断吸收新东西、新经验、新思维，这样才能不断地提升自我、突破自我。像一个国家一样，如果切断与外面的联系和往来，形成一个封闭系统，就不会有生机，也很难发展。只有敞开国门，与世界成为一体，才能促进自身的进化和发展。要想突破自我，就要不断地学习和吸收新东西，不断地与自己过去的经验和思维融合，发展和进化出新的经验和思维，这样才真正地做到了突破自我。

三、以开放的心态面对未来

每个人的内心都是一个系统，系统里住着一个自我。这个自我要想实现不断突破就要使系统保持开放，而不是封闭，这样才能使系统不断地循环、更新、进化和升级。人生不设限，生命才能有种种可能；放下防御的枷锁、打开内心的大门，才能让梦想照进现实；积极与外面的世界融合才能发生改变；让自己的内心保持开放，才能迎接新的自我。

第四章

成长的认知思维陷阱

每个人成长的过程都不会一帆风顺，会遇到各种障碍和陷阱，有的陷阱来自认知方面，有的陷阱来自思维方面，还有的陷阱来自方法及情绪方面，只有能够避开或克服这些陷阱，才能真正实现高效成长，最终成就卓越的人生。

第一节　认知的局限与偏差陷阱

一、认知的局限陷阱

在生活中，你是否遇到过这样的现象，有时候我们通过经验和认知对一个事物进行判断，明明感觉自己会有八成或是更高的把握，结果却出错了。我们信以为真的自我经验和判断为什么会出错呢？我们的经验和判断到底有多靠谱呢？

1. 你认为的真相是真实的吗

我们先从一个大家非常熟知的故事切入。很久以前，有一群盲人在路上遇到了一头大象，于是大家就摸起来。

摸到大象耳朵的盲人说：“大象像簸箕一样。”

摸到大象腿的盲人说：“大象和柱子一样。”

摸到大象尾巴的盲人说：“大象好似绳子。”

摸到大象身体的盲人说：“大象像一堵墙。”

这个故事启示我们看事情要全面，不能片面，不要像那些盲人一样，认为大象就是他们摸到的样子。有时，我们以为把握十足的事情也可能只是事物的一面，于是，片面的、局限的认知就产生了。

认知是人类认识事物并对其进行加工和理解的过程。每个人的认知能力都不一样。认知也常常需要一个积累的过程。在哥白尼的日心说出现之前，人们认为地球是宇宙的中心，在那个时候你不能说它是错的。后来又出现了哥白尼的日心说，于是大家在认知上有了突破，原来以为近似真理一般的“地心说”也不是事物的全部真相。等到伽利略发明了望远镜之后，人类的认知又向前迈出了一大步。

随着科技的发展，人类对世界的认知也在不断扩展和深入，过去以为的全部真相原来只是其中一部分。对于普通人来说，我们的经验和认知也是一样，有时候你以为的全部事实和真相可能只是其中一部分。

2. 人们对事物的认知只是冰山一角

一个事物的全部真相以我们有限的认知能力是无法穷尽的，最多只会接近而已，甚至有时候对一个复杂事物我们看到的或是掌握的只是冰山一角。

以投资项目来说，许多企业家赚到了第一桶金后，都会尝试着投资新项目。选择投资新项目前，他们也会进行调查和了解，再加上自己的经验判断，感觉成功的概率非常高，把握非常大，自信满满。而结果却是令人失望的，不仅没有达到预期，而且还亏掉了一大笔钱。以为掌握了项目的大部分真相，而实际上却只是一部分而已，就像冰山一样，巨大的真相都隐藏在水下面，是你看不到的，你认为的 100% 正确，可能只是实际真相的 20%，越是复杂的项目越是如此。有时候你认为的正确可能只在一定的范围内或局部有效，拿到更大的系统中就不那么正确了。

我们经常见到很多创业者动不动就说企业将在两三年内上市，他们对商业模式的逻辑演绎能力很强，认为自己打造了一个闭环系统就可以无限循环地发展，企业很快就可以上市。而实际上他们的认知是片面的，首先，闭环系统内所有因素和条件都是在不断变化的，你不能假设它们永远都成立。其次，系统外诸多因素对系统的影响是无法预见的，它们可能对系统存在决定性的影响。

真正的高手对事物的判断不仅依赖于水上面的那一小部分可见的冰山，而是更多地洞察到了水下面看不见的那部分。

3. 为什么我们无法认知一个事物的全部真相

说到底，我们无法完全地认知一个事物的全部真相，这是因为我们的认知能力是有限的。

（1）大脑会习惯性偷懒。大部分人看待一个事物或现象总是很表面化，只看现象层面，不去探究本质层面，有时候甚至判断或预测一个事物都是靠直觉。我们的大脑经常习惯性地偷懒，喜欢依赖直觉的简单、快捷，不费脑子。但直觉有时候会骗人，从而往往导致认知的片面性。比如，我们直觉上认为在交通工具中飞机是最不安全的，尤其是发生了一次飞机事故后，铺天盖地的报道更是给人如此印象。事实上，从理性和概率的角度讲，飞机反倒是最安全的交通工具。

（2）经历和经验的不足。我们经常听老人说“我走过的桥比你走过的路都长”，来形容他的经验丰富。通常来说，一个人经历得越多，经验越丰富，相应的认知能力就相对更为全面一些。我们说的“智慧”也就是更高级的认知能力，往往都是在你的亲身经历中悟到的，在经历中善于去总结规律，自然就会增强你的认知能力。

拿围棋来举例，顶尖的围棋大师可以一个人和几十个人一起对战，他们几乎已经掌握了所有的棋路，每一种棋路都印在脑子里。而普通人的围棋经验有限，只有几种套路，完全在大师的认知范围内。大师在围棋领域的认知和经验可能超过所有其他人之和，因此，同时战胜几十个人也在常理之内。

（3）事物存在变化性和随机性。我们生活在一个每时每刻都在变化的环境中，大到宇宙，小到细胞和原子莫不如此。古希腊哲学家赫拉克利特曾经说过：“人不能两次踏进同一条河流，说的就是事物的绝对运动和变化。”与此同时，有些事物的变化还是随机性的，你通过认知根本无法对其进行准确的判断和预测。股市行情每天都发生变化，这就符合随机性，这种随时都在变化的不确定性，就超出了我们的认知能力范围，导致我们无法做出准确的预测。

正是因为事物在不断地进化和变化，我们过去的认知经验可能不再有用了，导致我们无法完全地认知一个事物的全部真相。虽然科学进步很快，我们对很多领域的很多事物的认知仍然没有穷尽，甚至只是一知半解。从理论上来讲，我们只会无限接近，却永远无法彻底掌握事物的所有真相。

即使对于一个石头来说，我们能够认知到原子、电子乃至夸克层面，那是不是还有更小的物质颗粒呢？宇宙也是一样，宇宙到底有没有边界？如果有边界，那边界的外面又是什么呢？如果没有边界，那我们就更无法 100%地认知宇宙了，连边界都不知道在哪里，还怎么做到完全认知呢？

4. 如何应对认知的局限性

既然我们的经验或认知有时候不靠谱，具有局限性，那我们该如何应对呢？

（1）多经历、多实践。在经历和实践中提升认知事物的能力，什么事做得多了，也就会得心应手了。我们说要知行合一，只有做到了才是真正地知道了，做到后的认知才是更真实的，正所谓："纸上得来终觉浅，绝知此事要躬行。"

（2）遇事要三思而行。问一问自己还有什么没有想到，是不是片面的，是否掌握了更多的真相。尤其是我们在生活中遇到重要决策时，更要多想一想，防止只凭直觉片面地进行判断，多注重理性思维，提高决策能力。

（3）多维思考。多维思考能够在认知事物时给人提供更多的视角，可能每一个视角都有不同的信息和真相。

（4）兼听则明。既然我们的经验和认知有时不靠谱，具有局限性，那么我们最好养成多听取他人意见的习惯。虽然我们都需要有自己的主见，但是兼听他人的意见也可以给你带来更全面的看法和认识，减少犯错误的机会。尤其是向专业领域的专家和有经验的前辈多请教，对于你的认知提升和决策大有裨益。

（5）保持好奇心。遇到事情和问题，我们不能只看事物的表面现象，还要多问为什么。当你从归因的角度去思考后，你就是在事物的更深层、更本质的层面去认知它。保持一颗好奇心，学会多问为什么，一旦这个习惯养成，对于认知能力的提升会非常快。

（6）持续学习，不断更新认知。学习是提升认知能力的重要途径。通过持续的学习不断更新自己的认知，是应对认知局限性的重要方法。多领域学习和跨学科学习能够有效增强你的多元思维能力，让你的认知范围更广、更全面和可靠。

二、认知的偏差陷阱

1. 大脑的思考系统导致认知偏差

关于认知的另一个陷阱是认知偏差陷阱，主要是由我们的大脑思考系统导致的认知偏差。说到对大脑思考系统的研究，不能不提到美国普林斯顿大学教授丹尼尔·卡尼曼及其代表作《思考，快与慢》，他是历史上第一位获得诺贝尔经济学奖的心理学家、行为经济学家。

丹尼尔·卡尼曼将我们的思考分为系统 1 和系统 2，这两个思考系统的运作方式完全不一样，系统 1 是依赖直觉的、无意识的，更多的依赖情感、记忆和经验快速地做出一个判断。系统 2 则相反，它是理性的、有意识进行的思考，但是系统 2 通常比较懒，理性思考时往往费脑子，而我们的大脑却喜欢简单的，不喜欢麻烦。很多时候我们思考和决策会依赖于系统 1，因为这不费脑子①。

系统 1 做决策的确比较迅速，但是也会经常犯错，容易导致人类决策中的偏见和失误，这种依赖直觉所导致的偏见和失误就是典型的认知偏差陷阱。丹尼尔·卡尼曼在研究中提出了三种偏好和四种效应，这里可以简单举两个例子。

比如，典型性偏好就是人们会过度关注典型事件，而忽视了典型事件背后的概率。丹尼尔·卡尼曼举了一个实验的例子：事先告诉你，一个人在组

① 丹尼尔·卡尼曼. 思考，快与慢［M］. 胡晓姣，李爱民，何梦莹，译. 北京：中信出版社，2012.

约地铁里阅读《纽约时报》，然后通过这个信息让你猜测她是有博士学位，还是连大学文凭都没有。实验的结果是大多数人选择了博士学位，而较少的人选择了连大学文凭都没有这个选项。实际上，通过概率角度来看，有博士学位的人在人群中所占比例相比没有大学文凭的人是非常低的。但是人们通过系统 1 对看报纸这个典型特征有了过分关注，从而忽视了概率问题，因为典型性偏好导致了偏见，继而产生了认知偏差。

再说一下“锚定效应”，我们经常会在制订商品的价格时使用这个效应。当你到一家店铺中买衣服，经常看见店铺会摆放一些价格特别高的衣服，你觉得这个价格非常贵，然后再看那些价格相对便宜很多的衣服时，你就会产生认知上的偏差，误以为这些中间价位的衣服很便宜。其实那些贵的衣服就起到了锚定值的作用。

除了在《思考，快与慢》中提到的几种认知偏差陷阱，也有其他方面的认知偏差。比如，过度自信就是一种认知偏差陷阱，人们总是容易高估自己的预测和判断能力，这个准确度的偏差通常会在 20% ～ 30% 之间。事实上，每个人或多或少地都会高估自己。一项研究发现，80% 的司机认为自己的技术高于平均水平。当人们评价自己的相对受欢迎度和认知能力时，也同样存在类似的结果。

2. 如何避免认知偏差

首先，我认为做任何决策的时候尤其是重大决策时，你都要变得理性一点，而不是仅依赖感性去决策。要运用理性思维，寻找更多的科学依据和数据支持，减少认知偏差。

其次，你要时刻保持警醒和洞察力，分辨在遇到决策和思考时，你是在用潜意识去感性决策还是理性决策，你要注意分辨二者谁在起作用，进而减少决策的失误。

最后，我们最好能够形成用理性思考的习惯，凡事多考虑一下，遇到成长的重要问题和决策时多一点理性思考，三思而后行。

在我们成长的道路上，应该有意识地去弥补系统 1 思考时带来的缺陷，用理性的慢思考去弥补感性的快思考，避免掉入认知偏差陷阱里。

第二节　思维模式和能力陷阱

一、思维模式陷阱

1. 固定型思维模式陷阱

说到成长道路上的陷阱，很多人都容易掉进去的就是思维模式陷阱。美国作家卡罗尔·德韦克在著名的《终身成长》一书中提到了人的两种思维模式，一个是成长型思维模式，另一个是固定型思维模式[①]。我所说的思维模式陷阱就是指固定型思维模式。

卡罗尔·德韦克讲到，具有固定型思维模式的人认为人的才能是一成不变的，而且他们还常常急于向别人证明自己的价值。拿对成功的看法来说，他们总希望确保自己的成功，并且认为聪明人应该永远是成功的，正是这样的思维模式导致了这类人最后变得不爱学习了。而具有成长型思维模式的人认为，人的能力是可以通过努力培养的。虽然每个人的先天资质、禀赋和性格各有不同，但是都可以通过奋斗来改变。他们对成功有着截然不同的看法，认为成功意味着不断提高自己的能力，而且需要通过不断学习和成长才能实现。

因此，在成长的道路上，我们要成为具有成长型思维模式的人，而要避开固定型思维模式这个陷阱。事实上，固定型思维模式对于一个人的成长危害非常大。一旦你具有了这种思维模式，就像陷在泥泞的沼泽地里一样，想要不断前进就变得十分困难。固定型思维会限制你的成长，进而影响你最终取得的成就。具备这种思维，一旦取得了一定的成就，就会不再继续努力，不再探索成长的有效方法。而在人的一生中，成长是永无止境的，而不是阶段性的。

在日常生活中，当面对失败的时候，我们经常听到具有固定型思维的人说："我就这样了，再怎么努力也没有用。"他们认定了自己就是一个失败者。而具有成长型思维的人则会总结和反思，在失败中学习和成长，进而迈向成

① 卡罗尔·德韦克. 终身成长［M］. 楚祎楠，后浪，译. 南昌：江西人民出版社，2017.

功，使自己变得更加强大。备受大家尊敬的高龄创业者褚时健先生，他在七十多岁的时候开始二次创业，成了所有企业家学习的典范。褚时健具有的就是典型的成长型思维，高龄创业并没有成为他的障碍。而生活中大部分人别说是七十多岁，五十多岁就开始想着退休生活，不再探索和学习新的事物了。卡罗尔·德韦克说过："成长是每一个人一辈子的事，它无关年纪。无论何时，停滞成长才是最可怕的衰老。"

2. 如何应对固定型思维模式陷阱

我们在心中要建立一种信念，就是你要相信人是可以不断成长的，通过长期的践行，一个人就可以成为具有成长型思维的人。

如果你是固定型思维的人，就要向成长型思维转变。《终身成长》这本书将之拟人化，并给出了四个转变步骤。即我们首先要虚心接受它、勇敢面对它。进而再观察它，观察是什么引发了自己的固定型思维模式。然后给它取个名字，用它时刻警醒自己。最后，当它出现并阻碍你时，学会和它沟通，你需要向它说明，自己为什么要这么做，让它和你一起行动。

二、能力陷阱

1. 什么是能力陷阱

说起能力陷阱，很多人难免会有所疑惑，具备某一方面的能力也会成为陷阱吗？美国作家埃米尼亚·伊贝拉有一本书就叫《能力陷阱》，书中给出了上述疑问的答案。

书中说道："我们很乐于去做那些我们擅长的事，于是就会一直去做，最终就使得我们一直擅长那些事。做得越多，就越擅长，越擅长就越愿意去做。这样的一个循环能让我们在这些方面获得更多的经验，却容易陷入能力陷阱，在其他方面无法突破。"①

我们一贯认为具有某一方面的能力是一种优势，谁知这种优势同时也会成为陷阱。

就拿企业来说，一旦在某一领域不断获得稳定的利润和市场份额，有些

① 埃米尼亚·伊贝拉. 能力陷阱［M］. 王臻，译. 北京：北京联合出版有限公司，2019.

企业就会把更多的注意力放在固定的领域，而不会去关注其他领域的创新。这也就是为什么一些成功的大公司会被颠覆的一个重要原因。

当你擅长一项技能的时候，时间长了就会产生舒适区，这个舒适区有着极大的诱惑，以至于你无法突破自己。“你的舒适区已经给你带来了多大的荣誉，留在这个舒适区就有多大的诱惑。”这句话就很好地解释了能力陷阱的可怕。

2. 如何应对能力陷阱

我们都知道有个木桶的短板与长板理论。短板理论认为一个木桶能装多少水，取决于最短的一块板。而长板理论指出，当你把桶倾斜，你会发现能装最多的水取决于你的长板。

不难看出，如果你的长板只有一块，即使木桶倾斜，你的长板再长也不会多装多少水，只有多块木板都加长，倾斜后才能装更多的水。因此，应对能力陷阱最好的办法就是在你擅长的领域之外去学习和掌握新的技能或本领。

我们都知道美国职业篮球联赛（以下简称 NBA）是篮球运动员展示自我的最高舞台，这里也是产生大量亿万富翁的舞台。参与其中的球员在篮球方面的能力绝对是顶尖的，他们的财富也是非常可观的。但是你会发现很多退役之后的运动员并没有守住自己的财富，而是挥霍一空，生活反而变得十分窘迫。他们就是陷入了能力陷阱，只会打球，不会其他技能，不善于学习新事物。

当然，也有一些篮球运动员退役后非常善于学习和积累，将自己的事业和财富推向了另一个高峰，包括我们最熟悉的篮球运动员迈克尔·乔丹。他经营了多项事业，而且还成了 NBA 球队的老板。另一个值得我们学习的球员非科比莫属。科比非常善于学习经商技能，投资了很多领域。他退役后没有停下成长和学习的脚步，由他担任编剧和制片的《亲爱的篮球》还获得了第 90 届奥斯卡“最佳动画短片奖”，他收获了人生中篮球领域以外的又一个成功。

事实上，无论你是创业者，还是职场中的一员，都不能固守一技之长、陷入能力陷阱，而是要尝试在你的舒适空间范围之外去做事。正所谓技多不压身，生活本来就应该是充满多样性的，何不打开自我，勇于尝试，拓展自己其他更多的可能性呢？

第三节　短视思维陷阱

一、什么是短视思维

让我们先从一个案例说起。小张和小李是同一所大学同专业的毕业生。小张头脑机灵，但不够务实，总是关注眼前的一时得失，要么因为工资，要么因为人际关系，一有机会就跳槽，毕业 10 年换了七八家公司，几乎是一年换一家。虽然工资也有所增长，但是真正的本事一样没练出来。10 年的光阴匆匆而过，现在他都过了三十而立的年纪了，却对自己的未来感到担忧和迷茫，不知道自己到底擅长什么，向什么方向发展更好。

然而，与小张的选择不同，小李虽然头脑不够机灵，但是务实、肯干，能够静下心来做事，更注重长远的发展。他在自己认准的方向和领域不断成长和精进，在入职公司 3 年后，被提拔为项目经理，5 年后成为项目总监，后来又成了公司的副总经理，差不多也是毕业 10 年后，正式成为了公司的合伙人，拥有了公司的股份，正式迎来了自己的职业生涯高峰。小张和小李由于选择的不同导致了截然不同的结果，虽然都是毕业 10 年，一个还在底层中迷茫，而另一个却步入了职业发展的巅峰。

到底是什么决定了二者的差别呢？说到底就是二者的思维差异。小张是典型的短视思维，更在意当下的得失和眼前的利益，不看长远。而小李却具有长远眼光，不在意一时的得失与利益。

二、短视思维无处不在

事实上，短视思维不是一小部分人才具有的，而是大多数人都有这样的问题。比如，在职场上，很多人都觉得上班就是给老板打工，能省点力就省点力，能少加个班就少加个班，有利益和好处的时候挤破脑袋也要上，没好处的时候则溜之大吉。这同样是短视思维，从长远的角度看，上班和工作本身并不是单向地为了公司好，工作本身不仅创造了财富，还能够不断地提升自己的能力，让自己不断地成长，是一个双赢的过程。因此，在职场中，你不只是为别人打工，更是为自己打工，每一份付出就会有一份收获。不要单纯地只看眼前的得失而斤斤计较，更应该基于长远去考虑，在工作中努力成长和修行。

许多人在成长的过程中都急于求成，都想在某一方面或领域练就出真本事，却没有耐心坚持下来，看到什么新就想学什么，看到什么热就想试试，结果什么真本事都没练出来，总是在浅尝辄止。这也是短视思维，什么技能都想学一点，却一个都学不深。有的大学生考了一堆这样、那样的证书，但是没有一个是硬本领、真功夫。短视思维是什么都想做，却什么都没能做成，而长线思维能够认准方向持续发力，最后突破成长的临界点，迎来人生的飞跃式发展。

生活中还有许多短视思维的例子。比如，很多公司为了图一时之利而放弃做品牌；股市中短线投机的那些人同样是短视思维，无法等待价值的增长，只关注眼前的盈亏，最终还是逃不掉亏损的命运。还有，许多人都知道锻炼身体很重要，却很懒惰，迈不开双腿。有些人写网络文章只注重“博热点”“蹭流量”，但是在最为重要的写作能力和文章深度方面很少下功夫，总是急于变现，没有耐心提升自己的写作能力和技巧。

可见，短视思维无处不在，有没有短视思维并不取决于学历的高低，也不局限在某个领域和组织。

三、导致短视思维的原因

简单来看，短视思维的出现是因为我们太急功近利了，面对眼前的利益和好处，我们总是舍不得放弃，而未来的好处又是那么遥远且充满着更多的不确定性。

当我们太过关注眼前的利益就会忽略长远的利益，容易产生稀缺心态。说得通俗点，就是过于专注于某一事物意味着我们会忽略其他事物，也就是说我们的视野会变狭窄，因此，导致我们缺乏洞察力和前瞻性。举例来说，越是缺钱的穷人越是聚焦在缺钱的这种状态中，更多地顾着眼前，越容易出现短视行为。他们只顾着眼前不断地去挣钱以度日，而不去为未来多着想一点。

从更深的层次上讲，短视思维的产生是由我们的人性造成的，人性中有贪、嗔、痴等缺点，也就是我们的贪婪、嫉妒、执着和恐惧。这些亘古不变的人性特点是导致我们产生短视思维的重要原因，如果我们的认知能力无法战胜它们，就会产生短视思维。例如，在生活中，很多人都无法抵挡来自金钱、权利的诱惑，这些诱惑就是产生短视行为的一大诱因。

人性中还有着自私、懒惰等弱点，这也会导致短视行为。躺在床上舒适地看手机总比坐在桌前费着脑子读书要舒服得多。前者在享受当下的舒服，后者在着眼于未来。随着时间的累积，5 年乃至 10 年之后，二者的成长差距将是天差地别。更为可怕的是，长期的短视思维会形成一种思维习惯和定式，如果不及时跳出来，就会影响人一辈子的成长和发展。

四、如何克服短视思维

1. 跳出当下的视角看问题

短视思维就像一个狭窄的管道，让我们的视野变窄，这时候我们就要尝试着跳出当下的视角来看问题。越聚焦于当下，越容易产生稀缺的状态，就越容易产生短视思维。将你的视角扩大，站在更高的角度看问题，你看到的结果就会不一样。

拿缺钱的事来说，如果聚焦当下，你的思维就会始终想着每天赚钱。跳出当下，从更高的视角看待缺钱，就会让你思考如何彻底解决缺钱的状况，如拿出晚上的时间上夜校提升自身的能力，学习理财的知识和方法，有钱时建立储蓄以应对不时之需等。

短视思维往往是因为我们太过专注于当下了，当我们局限在某一个视角时，就无法摆脱短视的控制。而跳出当下的视角，站在更广、更高、更开放的视角去思考问题则有利于我们克服短视行为。因为你的思维层级不一样，看到的结果就不一样，产生的行为也不一样。

2. 培养面向未来思考的长线思维习惯

当面对成长时，一定要培养面向未来思维的长线思维习惯。什么意思呢？就是要以 5 年甚至是 10 年的视角和尺度去思考和规划未来。站在时间维度的更远处来看问题，建立长期的愿景，而不是着眼于当下，这样有利于改变我们的短视思维。

比如，对于那些创业的人群来说，致力于做百年企业的人就不会在意短期的得失，不做偷工减料、以次充好的产品。当你想 5 年后成为所在领域的顶尖高手或专家时，你就不会整天享乐于当下，过无所事事的生活。苹果公司的乔布斯就经常说，要站在时间轴和生命的终点处看问题，把每一天当作生命的最后一天来过。这样思考还会短视吗？

因此，面对成长，你的解决方案能够考虑到多长远很重要，给自己设定一个长期的成长目标，并不断地检视它，防止掉入短视思维陷阱。同时，培养自己面向未来的长线思维习惯，尝试去超越自己过往的生活，这样不仅会帮助你更好地成长，还能够完成以前你所不能及的事情。事实上，只有长线思维才能更好地掌控自己的人生。

3. 思考短视思维可能付出的代价

这也是一个有效克服短视思维的方法，即从另一方面去想一想，未来我们会为自己的短视思维付出什么代价。当下享受得越多，未来成长得就越慢，受的苦也会越多，就像那句老话说的："少壮不努力，老大徒伤悲。"

充分考虑由于短视思维未来所要付出的代价，有利于减少短视行为。例如，知道总是熬夜对身体不好，将来会诱发各种疾病，我们就会减少这种行为；知道总是享受当下，不努力成长，就会一辈子在底层徘徊，你就会静下心来，付出不亚于任何人的努力去成长，减少那些无益于成长的享乐。总之，知道因为短视思维付出的代价很大，我们就会尽量去避免和改变短视思维。

4. 提高认知能力，克服人性的弱点

克服短视思维最根本的还是要从提高我们的认知能力出发，只有提高了我们的认知能力，才会提高我们克服人性弱点的能力。能够更好地认识到人性的弱点及短视思维的危害，才能通过不断地学习和实践，提高我们的修为、格局、视野和认知能力，面对各种短期利益和诱惑的时候，才能从根源上去改变短视思维。

五、着眼长远才能创造未来

当许多人都关注眼前的得失与利益的时候，我们要静下心来思考是不是应该成为一个有远见的人。只有摒弃短视思维，多一些长远的眼光，成功的大门才会为你敞开。大到一个国家，小到个人都应该拥有长远的眼光，而不是只聚焦于当下的得失。古往今来，凡大成者，必有长远的眼光，着眼长远才能创造未来！

第四节　低效学习陷阱

一、最好的学习时代

这是一个最好的学习时代，之所以这样说，我认为有以下几点原因。

1. 信息和知识的极大丰富性

现在每天产生的信息和知识数量是过去的几十倍甚至上百倍。知识和信息多得让我们永远都学不过来，我们不用再担心找不到提高某一方面能力的知识和信息，只有想不到的知识，没有找不到的知识。

2. 获取知识的便捷性

现在我们可以利用搜索引擎轻松找到自己想学习的大量知识和信息。人工智能、智能手机、5G 及互联网的快速发展，为我们提供了更加便捷的知识和信息搜索工具。

3. 学习工具的可移动性

随着智能手机、平板电脑、电子书阅读器的出现，人们可以随时随地学习知识，不再受空间和时间的限制。学习工具的可移动性和多样性让碎片化时间学习变成可能，人类进入碎片化学习时代。

4. 学习渠道和平台的多样性

现在各种线上和线下的学习渠道和平台为人们提供了多种选择和形式，人们可以看视频学习，可以阅读书籍，可以网上看文章学习，可以听音频学习，也可以在线看大师直播学习等。

二、为什么会陷入低效学习的陷阱

虽然我们处在一个最好的学习时代，然而大部分人的学习质量并不高，很多人都陷入了低效学习的陷阱中，这又是为什么呢？

我们先来看看什么是学习质量。评价一个人的学习质量高还是低，主要看几点：在一定的时间内，你学会了多少，吸收了没有，是否把知识转化成了自己的能力。简单来讲，学习质量的高低反映的是学以致用的效果。

然后，从学习的整个过程入手。通过总结，我们发现在整个学习的过程中，影响学习质量的因素主要包括三个方面，即学习的内容质量、专注程度和知识的内化吸收程度。

接下来，我们来回答是什么原因造成了很多人学习质量不高，导致陷入了低效学习的陷阱这个问题。

1. 学习的内容质量不高

随着移动阅读的人群越来越大，许多年轻人把它作为最重要的学习方式，人们通过这种方式接收的信息数量的确是在大幅增加，然而，信息的平均质量却在不断下降。在网络上，有太多的信息和知识其实质量并不高，许多都是由自媒体人生产的，而大部分自媒体人的专业性明显不足，但他们每天仍然制造着大量低质量的信息，使之充斥在互联网的每个角落，这使得很多人学习的内容质量其实很低。我们不否认互联网上有很多有价值的知识和信息，但是有些内容很差，再加上每个人的鉴别能力存在差异，导致有些人长期陷在低效学习中而不自知。有些人美其名曰在利用碎片化时间学习，其实根本就没有学到什么东西，只是假装在学习，假装很努力而已。

2. 学习的专注度不高

移动阅读和碎片化学习正在成为年轻人的主要学习方式，而这种方式有一个非常大的缺点就是很难让人全身心地专注进去。

绝大多数职场人士每天忙于工作，经常利用坐公交车和地铁、吃饭、跑步、开车等碎片化时间进行学习，但是这样的学习场景其实是很难高度专注的。众所周知，学习知识是需要在高度专注的情况下才能更有效率，也才能更容易理解和内化吸收。

无法做到专注学习，质量就会比较低。比如，有人选择在上下班的公交车上听付费的音频课程，表面上看，好像可以充分利用坐车时间学习，但实际上很容易受到周围环境的打扰，无法做到高度的专注，其结果就是学习的效果很差，无法将学习的知识与自己的经验和旧知识进行联系，更无法做到内化吸收，甚至过一段时间很容易就忘得一干二净了。

要想做到有效地学习知识，确实需要高度专注，而碎片化时间的学习环境有时候很难做到。我们并不能完全否定利用碎片化时间去学习这一行为，事实上，我们可以在这段时间去处理一些不需要高度专注就能做的事，如做个简单的工作计划、了解一些新闻信息等。但利用碎片化时间学习系统的知识很容易陷入低效学习的陷阱，反而等于是在浪费时间。

3. 专注但无法内化吸收

学习是以学会且能够内化成自己的知识为目的的。无法达到学以致用的学习，其实也是一种低效行为。你花了大量的时间去学习，也很专注，最终却没能内化吸收这些知识，只是暂时地存储在大脑里，时间长了也就忘了，这样的学习质量一样不高。

有些人也的确是这样学习的，他们并没有明确的学习目的，只是看到别人在学习，自己也要报了很多课程，购买了很多书籍。他们更在意的是学习的数量，而忽视了学习的质量。忙碌了一段时间下来，真正将学习的知识内化吸收到自己的知识体系中的寥寥无几。这种低效学习更像是抚慰焦虑型学习。

三、如何提高我们的学习质量

1. 选择高质量的学习内容

随着科技的进步，知识的增长速度已经远远超过每个人的学习速度，知识总量越来越大，增长速度越来越快，而每个人的学习时间和精力却是有限的。因此，要想提高学习质量，第一步就是要学习那些高质量的内容和知识。

什么样的知识更有用、质量更高呢？

可以肯定地说不是那些碎片化、鸡汤式的二手甚至三手信息，鸡汤式的道理似乎放到哪里都对，但是这些知识和信息并没有告诉你使用条件和适用边界，没有说清楚前因后果，就是简单的几句激励人心的大道理，对你的知识体系或认知能力起不到什么作用。

我们真正要学习的是更有价值的知识，比如前文我们说过的底层知识。除此之外，高质量的学习内容往往具有完整的体系，能够更有效地帮助我们厘清前因后果和适应边界，所以知识体系较为完整的书籍，才能提供高质量的学习内容。

2. 找到最有效的专注时间段

提高学习质量的第二个有效途径就是在自己最为专注和高效的时间段内去学习。因为高度专注才能产生心流，而产生心流时的学习效果才更好。心流在心理学中是指一种人们在专注地进行某种行为时所表现的心理状态，也就是那种全神贯注、投入忘我的状态。研究发现，学习一旦进入产生心流的状态就能够大大提高学习的效率和质量，更有利于对知识的内化吸收。只有在专注的情况下，我们学习新知识的时候才能去反思，并联系自己的经验，进而内化吸收。

要想找到自己最有效的专注时间段，就需要对自己的时间进行分析和管理，找到自己最能够专注下来的那段时间。这样的时间段不能太短，应该至少在 30 分钟以上。每个人能够专注下来的时间段也不同，有的人是在上午，有的人是在下午，有的人是在晚上，还有的人是在早晨。经研究发现，大多数人能够专注学习的时间段是晚上和早晨。

当然，每个人最为专注的时间不一样，适合自己的就是最好的。更为重要的是，要养成在固定的时间和场景专注学习的习惯，这样才能更有效地提高学习的质量。

3. 将知识内化为自己的能力才是高质量的学习

学习知识最终的目的是学以致用，最为重要的一步就是把学习到的知识转化为自己的能力，也就是知识内化的过程。通过学习新知识打造自己的知识体系，这样的学习才是高效的。学习知识不是看你学习知识的数量多少，而是看你最终内化吸收了多少，这才是提高学习质量的关键。那么，如何才能提高我们的内化吸收能力呢?

（1）带着目的去学习，带着问题去学习。唯有如此，当你遇到新知识时就会自然带入自己的问题当中，看看新知识是否对解决自己的问题有帮助，这样内化吸收的效果就好，这也是现学现用往往效果比较好的原因。

（2）建立新知识与旧知识的联系。也就是说当你学习新知识的时候要去反思自己的经验，联系自己过去的经验和知识，看看能否建立联系，完善自己的知识体系，这样就能做到新知识的内化吸收。

（3）将学到的新知识拿到实践中去体验。这样的过程就是理论与实践相结合，更利于真正地掌握新知识，巩固内化吸收的效果，真正达到学以致用的目的。

客观来说，每个人的时间都很宝贵，如何把宝贵的时间用在高效学习上，是每个人都要关注的问题。我们要明白，学习质量的高低是一个人学习能力强弱的重要体现，跳出低效学习的陷阱，学习的效果才会更好。

第五节　固执思维陷阱

一、所谓固执，其实就是认知水平低

在生活中，我们都遇到过比较固执的人，通常称这个人“认死理”。“固

执”往往用来形容一个人的性情或性格方面太古板，不愿变通，坚持自己的成见。那么，为什么有的人比较固执，而有的人比较开明呢？

有的人认为是家庭因素所致，有的人认为是个人经历因素所致，还有的人认为是综合因素导致。其实，一个固执的人的确会受到前述因素的影响，但是说到根本原因，还是与个人的认知水平有关。越是固执的人，认知水平越低，所谓固执，其实就是认知水平低。

美国心理学家乔治·凯利提出过“个人构念理论”，该理论认为我们每个人都像是个科学家，建立种种理论来理解和预测周围的世界，特别是人际环境，这些理论就叫作个人构念。个人构念是由一个人过去的见识、经历、评价和思维等所形成的观念系统，这个系统决定着他如何去思考、体验、和认识新情境、新事物。而一个人过去的见识、经历、体验和思维又决定了这个人的认知能力。一个固执的人其实就是个人构念比较狭窄，也就是认知水平比较低，一遇到事情就会表现为不善变通，思维趋向单一，缺乏应变和弹性。

二、哪些原因导致认知水平低

我们知道固执的底层原因是认知水平的问题，那么，又是什么原因导致认知水平低呢？

1. 听不进去别人的建议，总认为自己很正确

固执的人之所以很固执，就是因为总认为自己很正确，坚持自己的想法，听不进去别人的建议。越是认知水平低的人，有时候越听不进去别人的建议，明明有时候自己是错误的，却并不知道自己错了。

其实，我们经常遇到这样的人。就拿抽烟这件事儿来说，有些人明明知道抽烟会导致咳嗽，还容易引发肺癌。但如果你要是劝他戒烟，他总是拿那些抽烟还活得岁数比较大的人举例，来证明抽烟对健康没什么影响。用片面的个案来证明抽烟害处不大，这就是认知的问题，无论你怎么说都没用，他就认为自己的抽烟理论是对的。

2. 不愿意接纳和学习新事物

固执形成的另一个原因是不愿意接纳和学习新事物，因循守旧。当一个人不愿意接纳和学习新事物的时候，他的个人构念就会变得狭窄，导致他的认知水平提高不上去，久而久之，他就会更加固执，越是不学习新东西，人的思想就越僵化。

值得注意的是，不愿意接纳和学习新事物的人还往往容易形成固定型思维。一旦形成了这种思维，就好像陷在沼泽地一样，想要不断前进就十分困难了。

3. 喜欢从单一视角看问题

固执的人之所以固执，还因为他们在看问题的时候视角单一，爱钻牛角尖和死胡同。当遇到一件事时，固执的人总是习惯从单一的方面去思考，而忽略了事物还有其他方面，这也是导致认知水平低的一个重要原因。

例如，有的人行动能力特别强，但就是不爱学习和看书，总认为看书没什么用，有那工夫还不如多干点活儿呢，其实这就是从单一的视角看问题。多行动、多实践的确没错，但是也要多看书、多学习，内外兼修，理论结合实践更好，不能固执地认为做好一方面就行了，看事情要全面和系统。

4. 从来不懂反省

固执的人还有一个特点，就是不懂得自我反省。当他们犯了错的时候，要么不自知，要么不反省自己，出了问题都是别人的问题。一旦形成了这样的思维习惯，就很难在错误中汲取教训，认知能力就会受到影响。从来不检讨自己，从来都不认为自己做错了，这本身就容易导致固执。

三、如何应对固执思维

知道了固执产生的原因，那么，又该通过什么方法化解固执思维、提升认识水平呢？

1. 承认自己有所不足，尝试多听听别人的建议

化解固执的问题，首先得承认和接受自己存在固执的一面，知道人无完人，谁都会犯错误。由“不知道自己不知道”转变为“知道自己不知道”。当一个人知道自己不知道，承认自己不都是正确的时候，也就清楚了自己的认知边界，遇到问题的时候，也就愿意尝试听取别人的建议了。“兼听则明”，当一个人能够听得进去别人的建议的时候，也就开始变得不那么固执了，认知水平也就开始提升了。

历史上，凡是那些太平盛世时期的君主都是善于听取别人意见的人。唐太宗李世民就是一个典范。他开创了历史上著名的“贞观之治”，将中国封建社会推向了鼎盛时期。唐太宗比较开明，善于接受大臣的建议，尤其是接受历史上有名的谏臣魏征的劝谏，他们可以说是中国历代皇帝和臣子配合最好的代表性人物。

2. 通过学习提升认知水平，化解自己的固执

学习是化解一个人固执最有效的方法。多阅读、多思考、在别人的智慧中去汲取营养，认知能力就会得到有效的提升。学习新知识、接受新事物是化解固执的重要前提。化解固执首先得打开心门。如果你的心门是紧闭的，你就无法吸纳新的东西。就像是一杯水，如果你的水杯永远都是满满的，再倒水就会溢出来，只有空杯心态才能持续吸收。

3. 尝试从多个视角看问题

固执的人往往看问题比较片面，视角单一，思维上比较僵化，而事物往往不止一面，从不同的视角就会有不同的收获。我们拿职业选择来说，你不能只看重一方面，要多方面平衡。有的人毕业后找工作只看重工资待遇，而不看是否能够学到知识和经验，这样就会比较片面，对自己的认知及成长没有什么帮助。

4. 主动拥抱变化，多去经历

化解固执需要我们主动拥抱变化，多去实践，多去经历。不变才产生僵化，才会形成固化思维。拥抱变化才能变通、与时俱进，才能不断更新自己，进而认知能力才会得到提高。拒绝变化就是拒绝成长，拒绝成长就会形成固执思维。

5. 时常自省

自省能力是提升认知的重要方法，古往今来，凡是取得大成就的人都是善于自省的人。自省能够让人从失败中、错误中和痛苦中成长，它是我们最好的老师。“行有不得，反求诸己。”遇到问题不能总是向外求，而是要向内求。化解固执也是如此，只有自己真正想成为一个不固执的人，才会开始改变。化解固执别人帮不上什么忙，只有自己才能帮助自己，而时常自省就是突破固执思维最好的方式。

固执就像一面墙，一旦形成就会十分坚固，要想推倒这面墙，需要你自己来动手。多经历、多学习、多反思、多视角看问题，通过提升我们的认知能力去突破墙的限制，才能让自己变成一个不固执的人。

第六节　愤怒情绪陷阱

一、愤怒情绪陷阱

你发过怒吗？你遇到过身边的人发怒吗？你还记得你对别人或别人对你表达愤怒情绪时的场景吗？

事实上，我们每个人都会因为各种各样的事情产生过愤怒的情绪，而且有些人甚至还觉得愤怒是一种正常的情感，一旦觉得不爽就发个怒火，觉得没什么大不了的，发泄一下情绪没必要小题大做。更可笑的是，还有的人错误地认为可以用表达愤怒来换得威严和尊重。

但实际上，愤怒是一种对某些事情表达不满的情绪，是非常过激和消极的情绪，这种情绪非但不会给你带来任何好处，而且更有可能给你带来诸多伤害。那些不受控制的愤怒不仅会扭曲一个人正常的判断能力，损害我们的身心健康，还会损害我们的人际关系，给你的形象带来极大的负面影响，甚至还会影响到你的事业发展。有时候一旦控制不住自己的愤怒还会做出很多让人后悔的事，甚至会付出生命的代价。就像古希腊毕达哥拉斯所言：“愤怒以愚蠢开始，以后悔告终。”

愤怒的情绪就像一个陷阱，因此，我们在成长过程中一定要努力地学会控制自己的愤怒情绪，一旦掉入其中，无论对自己还是对别人都没有好处。

二、为什么我们会愤怒

愤怒真的是有百害而无一利，那么，为什么我们还会愤怒呢？我们知道，只有明确了愤怒产生的原因，才能找到有效的控制方法。下面就来了解一下为什么我们会愤怒。

从概念的角度看，愤怒源于我们对情境做出的判断，愤怒的产生是在表达不满时的消极或过激的情绪，而造成不满的原因可能是没有达到预期的目的，或是由于受到不敬、贬低、威胁或疏忽等刺激引发的，这些外部的刺激引发了愤怒情绪。举例来说，如果你在同事或众人面前没有得到足够的尊重，甚至受到了羞辱，你就会很容易产生愤怒的情绪。开车的时候，如果你前面的车开得比较慢，正好赶上红绿灯你没过去，你就很容易产生愤怒的情绪，这就是我们常说的“路怒”，甚至有的人还会因为愤怒而产生报复行为，导致交通事故的发生。

愤怒情绪的产生还有一个重要原因，就是对事情的结局怀有过于乐观的期待。这个观点最早是由古罗马帝国的塞内加提出的，作为一个优秀的作家和心理学家，他认为我们会被违背我们的希望和期待的事情激怒，每个人在内心都把自己当国王，都愿意得到任意行事的特权，但不希望因此受害。就像《生活的哲学》的作者朱尔斯·埃文斯所说：“愤怒的人对世界欠他们的非常敏感，对他们得到的却视而不见，我们总是习惯于想着世界欠我们什么，而不是我们幸运地拥有了什么。”①

我们总是习惯对符合自己期待的事情感到满意，而对违背自己期待的事情感到不满和愤怒，很少去想是不是我们对事情的期待过于乐观了。事实上，许多人的愤怒都是由于过于乐观的期待导致的，我们可以仔细地回想一下自己和别人之间的矛盾，是不是由于没有出现我们期待的局面而造成的。小情侣或夫妻之间的吵架往往都是因为一方对另一方过于乐观的期待导致的。男女朋友之间分手也往往是由于现实与期望中有偏差导致的，如埋怨对方没有足够爱她 / 他，没有足够理解她 / 他等。

---

① 朱尔斯·埃文斯. 生活的哲学［M］. 贝小戎，译. 北京：中信出版社，2016.

但说到底，愤怒产生的根本原因是你对愤怒的认知造成的。面对同样的一件事情，有的人就不会发怒，有的人就会愤怒不已。就像前文说的，有的人认为愤怒能够使自己赢得尊重和威严。当你对愤怒有错误的认知时，当然就会不把愤怒当回事，就容易经常发怒而不自知。

三、如何有效地控制愤怒情绪

可以这么说，无论怎样表达我们的愤怒情绪，都会伤害到别人，甚至是我们的父母、亲人和朋友，那么，我们应该怎样有效地控制自己的愤怒情绪呢？

1. 愤怒是可以控制的

这是一个非常重要的前提，我们需要认识到愤怒是可以控制的，而不是在它面前无能为力。为什么要强调这一点呢？因为很多人认为经常愤怒、发脾气是自己性格所致，认为“江山易改，本性难移”。一旦你建立起这种错误的认知和思维习惯，认为愤怒是天生的，是性格里带来的，那你一辈子都很难有效控制自己的愤怒情绪。像古罗马政治家、作家塞内加认为得那样：“在一个时刻，就在情绪爆发的那一刻，我们是有选择的。”

2. 控制愤怒靠的不是忍，而是更好地认知它

和大多数人的认知有所不同的是，真正想有效控制和管理愤怒情绪并不是让你压抑愤怒，而是要认识自己愤怒的深层原因，去拆除掉愤怒的认知根源。塞内加说：“如果我们反复地把愤怒所有的缺点放在眼前，对它形成正确的判断，就能阻止自己变得愤怒。”也就是说，我们要在认知上深刻地认识到愤怒所造成的危害有多大。人在愤怒时就像一个魔鬼，不仅伤害自己的身心，有时候还会毁掉自己的家庭生活、亲戚关系、朋友友谊，甚至是工作和人际关系，更有甚者会造成巨大的社会危害。

因此，只有深刻地、正确地认识到愤怒给他人造成的伤害，才能在源头上解决愤怒的问题。控制愤怒如果只靠忍，而认知上没有任何改变，也许你能够忍住一时，但并不能解决根本问题。这和戒烟是一个道理，如果你是用毅力去戒烟，那么证明你潜意识当中认为抽烟是一件好事，你只是抑制住自己不要抽烟。但碰到任何抽烟的场景都会勾起你的抽烟欲望，你很容易再次回到抽烟的习惯上去。而只有在认知上彻底地认识到抽烟的巨大危害，你才能真正地戒掉烟。

3. 学会管理自己的期待

在愤怒产生的原因中我们讲到过，过于乐观的期待往往是导致愤怒的主要原因，因此我们控制愤怒的一个重要解决方法就是降低我们的期待。不要总是对什么事都抱有过高的期待或过于理想化，要尽量做到符合现实，保持清醒的头脑，这样才不会总是被意想不到的事情打击到。

为什么大家经常感叹结婚后的生活没有想象中的甜美和幸福呢？就是因为我们在谈恋爱的时候对婚姻生活产生了过于乐观的期待，总觉得结婚后也会像谈恋爱时那么浪漫和甜蜜，而没有想过真实生活中的家庭关系和柴米油盐，说起来也是对真正的婚姻生活认知不全面导致的。因此，想要有效控制愤怒就要管理好自己的期待，降低我们的期待以符合现实。

4. 像训练肌肉一样反复练习

前文我们提到要在认知上控制愤怒的根源，但是控制愤怒也不是说想做就能够立马做到的，认知的形成也需要一个过程。控制愤怒就像肌肉训练一样需要反复练习才能更有效，才能得到巩固。毕竟要想打破过去对愤怒认知的习惯性思维和信念不是一下子就能够做到的，而是需要一个过程。由无意识愤怒向有意识愤怒转变，再由有意识控制愤怒向下意识地控制愤怒转变，最后在认识上颠覆过去的信念，形成对愤怒的全新认知思维，就能够下意识地控制住愤怒了。

在这个过程中，要经常去反思和省察我们对愤怒的认知，它对我们有什么好处吗？给别人会带来多大的伤害？在下一次想要发怒的时候，问问自己值不值得，渐渐地随着对愤怒认知的加深和反思，就能够有效地控制愤怒的情绪了。

5. 在情绪控制你之前先控制你的情绪

我们说彻底地改掉愤怒的习惯需要一个过程，如果我们在前期遇到自己想要发怒的时候又该如何解决呢？

首先，要弄清楚是什么触发了你的怒气，为什么你总是因为这个事情发怒？当你知道自己什么地方比较薄弱，比较容易发怒，就要有意识地改变自己对这类事的态度。其次，当你发觉要愤怒的时候，通常都会有很明显的身体反应，如脸色发红、咬牙握拳、呼吸变快、心跳加速等。这个时候，一定要让自己停下来，休息一下，或暂时离开一会儿。这是有道理的，控制专家说过：“对于愤怒最好的解药是等待。”其实这个方法就是让我们冲动的头脑冷静一下。当你要愤怒的时候，如果条件允许，最好能够离开现场，这样你的怒火就会慢慢消退，等到冷静下来之后自然就可以认真思考解决问题的办法。美国第三任总统杰弗逊给出的有效方法是：“生气的时候，开口前先数到十，如果非常愤怒，先数到一百。”最后，当我们意识到自己要发怒的时候，还可以采取转移话题、深呼吸、放松面部表情、做做运动等方法进行缓解。

6. 要想不被愤怒传染，就要远离愤怒的人

我们知道愤怒是一个负面的情绪，当一个人愤怒的时候，就会给周围带来负能量，而且愤怒的情绪还会“传染”，你会被其病毒情绪感染，很容易被带入争端中，所以我们选择朋友时要远离那些易怒的人。所罗门王就曾劝诫他的国人不可与好生气的人、暴怒的人结交。

四、提高修养和认知能力

其实，一个人愤怒的强度和表现还与其修养密切相关。研究发现，越是修养好、修为高的人，越不会轻易发怒，这也是我们很少看到那些得道高僧或是修养好的人经常发脾气的原因。

修养与认知能力也是相辅相成的，人的认知能力越强，见识越广，越不会轻易发怒。修为、修养和认知能力的高度到了，自然就会有开阔的心胸和格局，能够宽容别人，宽恕别人的过失，也就能够有效控制自己的愤怒情绪了。

经常愤怒的人属于弱者的行列。因此，我们要多扩展自己的视野，多增加见识，提高我们的修养和认知能力，做一个能够掌控愤怒情绪的人。一个能够掌控愤怒情绪的人，对自己和他人都是一种救赎。

PART TWO

| 第二部分 |

2 成长战法篇：策略思维

成长的认知思维发生改变是成长最为重要的底层基础和内在驱动力。一旦你认识到成长的意义和必要性，知道了为什么要成长时，接下来要思考的就是如何成长，也就是本书第二部分要介绍的成长战法篇——策略思维。卓越成长既要明白“道”理，又要讲究策略和方法，有道有术，方才高效成长。

第五章

成长的系统思维

真正高效的成长不是做好某一点就行了，而是需要拥有一个系统，善于运用系统思维打造一套属于自己的成长系统，是高手成长和成功的重要底层逻辑。成长本身就是一个从认知到策略再到行动和执行的正反馈循环系统，因此，我们要养成系统思考的习惯，打造出属于自己的一套成长系统。未来职场的竞争不是单点的竞争，而是系统的竞争，关键看你是否拥有系统思维能力。

第一节　打造属于自己的“系统”

一、系统创造了竞争优势

有个故事，相信很多人都听过。说的是从前有个村庄没有水，于是村长决定委托两个年轻人解决供水的问题，并且与他们签订协议，支付费用，于是他们说干就干。第一个年轻人立马买来两只大水桶和一根扁担，每日往返于 10 里外的水源处辛苦挑水，从第一天开始，他就可以通过挑水赚钱。而另一个年轻人自从拿到供水的任务后就消失不见了。谁知半年后，他带着施工队和一笔投资回来了。又过了几个月，他在水源处与村庄之间修通了一套供水管道系统，源源不断的清水被输送到村里的各家各户。此后，村庄获得了稳定的供水，第二个年轻人也获得了稳定的收益。然而，第一个年轻人的挑水生意却被摧毁了。

这个故事形象地说明，有系统和没有系统的竞争根本就不在一个层次上。有了系统，对手可以瞬间摧毁你的生意。当年，当当网、京东网、亚马逊网等线上图书电商平台系统建成后，线下大大小小的实体图书商店都感觉到了巨大的压力，因为这些互联网公司构建了一套更高效、更便捷、更低成本的图书销售系统，这套系统对实体书店产生了一定的影响。可见，系统创造了强大的竞争优势，没有系统或是只具备低维系统就会被无情地碾压。

二、高手都善于打造系统

1. 商场中的顶尖高手都善于做系统

先看一个例子。格局商学院是一个“互联网＋教育”的平台系统，聚合国内外名师，以直播的方式与全国各地近百个建有高清巨屏的城市分院（城市加盟商）进行连接，通过视频直播为各个城市分院的企业家提供直接面对面学习和对话的机会。格局商学院的创始人就是系统打造的高手，其打造了一套线上企业家的交流学习系统，成了全国企业家身边的商学院。

而各个城市的加盟商就成了系统中的一个角色，系统中的一个网点。事实上，各地的城市加盟商在运营上有盈有亏，而总部则随着网点越多，盈利能力越强。因为每个城市的加盟商每年必须缴纳固定的课程内容费，总部有稳定的现金流，而且规模效应越来越强。而各个网点则只能依赖自己开发的企业家会员收取年费。这就等于是系统设计者组织好课程内容，向城市加盟商收取固定的内容费用，各地城市加盟商负责市场开发。

可见，有系统和没有系统在价值链的位置完全不同，挣钱的逻辑和模式也不同。拥有系统就可以靠系统赚钱，而系统中的一个角色就要靠自己辛苦开发市场挣钱。在商业竞争中系统的拥有者相当于在食物链的顶端，而普通人只能成为系统中的一个角色，处在食物链的中下游，没有话语权。

在商场上，那些成功的顶尖高手都善于做系统、搭平台。腾讯创始人马化腾打造的社交系统平台、美团创始人王兴打造的外卖及生活服务系统平台、百度创始人李彦宏打造的信息搜索系统平台、京东创始人刘强东打造的电商服务系统平台、创新工场创始人李开复打造的全方位创业培育的投资和孵化平台等，都是很好的例子。在商业竞争中，如果你不善于做系统，那么你就只能成为系统中的一个角色或为系统打工。

2. 系统是成功者的秘密武器和核心优势

不只是商业中的高手善于打造系统，如果你仔细观察，其他领域中那些顶尖高手又何尝不是如此，他们做事也都有自己的一套系统。系统就是高手成功的秘密武器，也是高手的核心竞争优势。

在股票投资领域，无论是专业的机构投资还是民间股票投资高手，真正做得好的都是依赖自己多年摸索出来的一套成熟的投资系统在做事。而普通的股民没有系统，只能跟风，一会儿追个热点，一会儿得到个内部消息，一会儿听信专家意见，没有一个体系支撑。

爱看 NBA 的球迷一定都知道马刺队的主教练波波维奇，他靠着自己的一套体系，让马刺队 20 年来始终拥有着争冠的竞争力，并带领马刺队夺得了 5 次 NBA 总冠军，成就了自己辉煌的教练生涯。

在围棋领域，那些世界级的大师都有一套自己的下棋系统。而普通人下棋基本没什么套路，也没什么章法，和那些顶尖级大师相比，区别就在那套系统上。当然，最近几年出现了更强大的人工智能机器人 AlphaGo，依赖更强大的运算系统和不同于人的思维逻辑系统，其打败了世界上最厉害的人类棋手。

写一篇能够得到高转发和高阅读量的文章也需要一套系统，这也不是一件简单的事。就连标题的设计都有一套学问，更不用说文章的逻辑结构、引语设计、语言表达、故事情节等，每一方面都是学问，一篇完整文章本身就是一个系统工程。那些顶尖的写作高手早就练就出一套成熟的写作系统，依赖这套系统就能够持续输出高水准的文章。而缺乏系统的普通人，有时候一个月憋不出几百字来，而且写出来的内容还没有什么阅读价值。

高手做事依赖系统，普通人做事缺乏系统，拥有系统就会比没有系统的人有优势，依赖系统能够让你比别人走得更远，取得更大的成功。

三、如何打造自己的系统

要想成为自己所在领域的高手，就要养成设计系统的思维习惯，善于打造属于自己的系统。无论你从事的是什么职业，咨询策划、厨师、培训师、音乐人、运动员、教师、工程师、程序员、管理者、演讲家等，你都需要打造出一套自己的系统，依赖这套系统使自己成为这个领域的高手。拆书帮创始人赵周说过：具备系统思维的人，习惯于梳理信息或经验的前因后果和适用边界。他们拥抱复杂的世界，超越对事物线性的、一对一的理解模式，构建出整体性、结构性、立体性、动态性和综合性的思维模式。

那么，如何打造自己的系统呢？

1. 试着养成系统地思考问题和做事的思维习惯

如果你没有想过打造一套系统，那么就很难拥有自己的系统。通过观察，可以发现这么一个现象，北（京）、上（海）、广（州）、深（圳）等一线大城市的商业人士似乎更善于打造系统，而二、三线城市似乎习惯了成为系统中的一个角色。比如，在一些二、三线城市，大家更习惯于去加盟或做代理，很少有人从源头去设计系统、去创新，让别人成为系统的一个角色。

如果没有做系统的想法，怎么能做得出系统呢？所以，当你在某一领域做事时，不妨首先尝试着问问自己如何打造出一套把事情做得卓越的系统？当你开始问自己这样的问题时，你就开始了对系统的思考，时间长了就养成系统思维习惯了。

2. 通过持续、主动地学习为自己的系统赋能

任何一个运转的系统都不是一成不变的，需要持续的能量供给，与时俱进。就像巴菲特的投资系统不是一开始就成熟的，也是在学习和实践中积累经验，不断修正和完善的。巴菲特的投资系统最初主要是以他的老师本杰明·格雷厄姆的价值投资体系为主，后来又融入了菲利普·费雪和查理·芒格的投资理念。系统需要你不断地为其赋能才会变得强大，你什么时候都不能说自己的系统已完美无缺了，当你有这种想法的时候，就会停止成长和进步。靠一套不变的系统“吃”一辈子的时代已经过去了，系统必须不断进化和提升。只有更好的系统，没有完美的系统，持续地学习是系统进化和提升的最好方式之一。

3. 打造系统要善于总结、反思和提炼

管理大师查尔斯·汉迪说过：“经验加上反思是最重要的知识。”好的系统来源于不断练习和实践中的经验凝结。那些高手就是将自己长期学习、练习的经验转化成了心智模式系统。这个转化过程就需要你总结、反思和提炼，再结合实践，反复练习，最终就会成为你的一套成熟的经验系统。系统就像人的绝活，不是一朝一夕练就的，而是持续渐进的结果。系统也不是自动就产生的，而是需要我们从事物深层次思考、总结、提炼、抽象出来的。

从长远来看，我们要么打造自己的系统，要么成为别人系统中的一部分。阿里巴巴的电商系统让成千上万的企业成了其系统的一部分。在这个系统里，每个部分和角色都要拼尽全力争取在残酷的竞争中存活下来。不断有新的角色进入、老角色退出，还有部分角色在咬牙坚持，但系统却不受影响，依然稳定。顶尖高手搭台，一般高手唱戏，普通人只能作为观众买票看戏。你没有自己的系统，就会成为别人系统中的一部分。有系统的人实现自己的梦想，没有系统的人都在为别人实现梦想。

第二节　个人成长的系统思维

一、系统思维是一种心智模式

在这个快速发展的时代，每隔几年就会淘汰一批人或企业，为了活下去或变得更强大，我们只能选择不断地成长。李笑来讲过，7 年就是一辈子。成长也是一样，我们每隔几年就要上一个台阶，不断地更新自己。

在成长的道路上，每个人都有自己的方法，也都有自己成长的领域。随着时间的推移，人们成长的结果和速度却大不相同，有的人快，有的人慢，有的人取得的成长效果好，有的人取得的效果差。说到底，出现这样的现象就是由每个人对成长的认知能力差异，以及由认知能力所形成的不同心智模式所导致的。

而系统思维就是一种心智模式，也是在长期系统思考的基础上形成的一种思维模式。可以说，系统思维属于深度思考，也是提升认知能力的重要因素之一。拥有系统思维习惯的人，在考虑一件事情时，不是只考虑一个点、线和面，而是一个立体和整体。系统不仅是一些事物的简单加总或集合，而是一个由一组相互连接且存在因果关系的要素构成的，是能够实现某个目标的整体存在。

系统思维能够让我们把握事物之间的联系，找到事物之间的因果关系，打破“只见树木，不见森林”的单点思维定式，能够纵览全局，看清事件背后的结构和逻辑，帮助我们解决现实中的复杂问题。其实，在中华文化的哲学思想中就蕴含着大量系统思维的智慧。如天人合一的思维、阴阳平衡的思维，以及中医看病的思维等，古人早就总结了大量系统思维的智慧，只是我们很少运用罢了。

丹尼斯·舍伍德在《系统思考》一书中系统地讲到了系统思考的概念，并教导读者如何画系统循环图。虽然并不是每个人都能学会画那些复杂的系统循环图，但是系统思考这种思维理念对个人成长会有很大的启发和指导意义。

二、如何运用系统思维

1. 建立正反馈循环系统

说到在成长方面的系统思维运用，我们不得不提到“李叫兽”（原名李靖）。他最早被大家所熟知的就是他的思维能力，尤其是在营销方面的思考和观点。后来，25 岁的他就成了百度最年轻的副总裁。

“李叫兽”在很多方面的思考都非常具有系统思维的特性。他说自己的学习成长就是成功运用了系统思维，也就是正向增强的循环系统。在他的成长系统中行动协同的三大策略是自媒体、写书、做互联网营销项目。在这三个策略之间，做了A会增强B，B又会增强C，C又会增强A，进而不断循环反复，形成了一个正向增强的反馈循环系统。

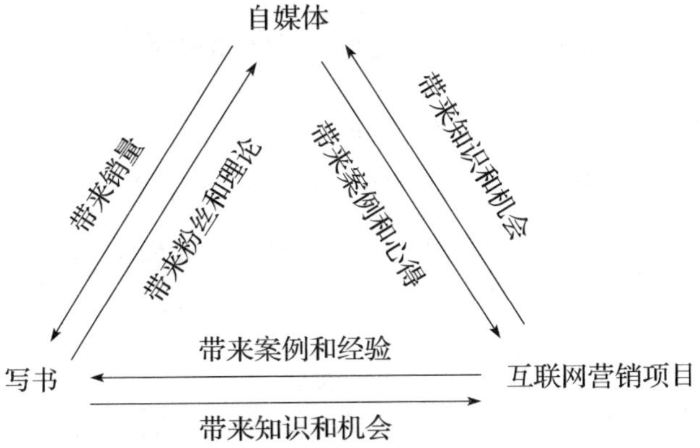

图 5-2-1　“李叫兽”的学习成长系统

如图5-2-1所示，通过写书可以增强自媒体的粉丝数量，自媒体粉丝数量的增加又可以增强做互联网营销项目的能力，做互联网营销项目能力的提升又能为写书提供更多的素材，不断反复循环，不断增强，即便逆时针循环也是正向增强循环系统。

“李叫兽”的这个循环系统就是运用系统思维的典型案例，也是个人成长的重要思维方法。成长本身就是一个系统，我们无论是在知识体系的构建、认知能力的提升还是技能的学习，都需要这种正向增强的系统思维成长策略，而不是只在单点上发力，这样你的成长就会更加快速和有效。

以认知能力的提升为例，我们可以通过理论与实践的循环不断提升自己的认知水平。先用理论学习指导实践，然后通过实践验证自己的认知理论，并进一步加强理论认知水平，理论水平的提升又进一步指导实践。如此不断循环反复，就形成了认知能力提升正向增强的循环系统，如图5-2-2所示。

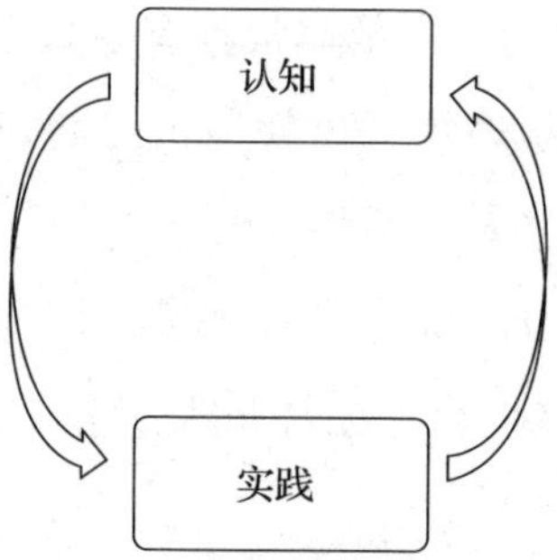

图 5-2-2　认知和实践的正向增强循环系统

学习知识最重要的是能否改变你的行动和认知，能否指导你的实践，通过实践再去领悟新的认知，进而升华你对知识和理论的进一步理解。所以说，懂得应用系统思维的人，不只会学习新知识，还能用新知识指导和改变自己的行动。

有的人只知道每天不断地工作和实践，很少去反思、去总结那些底层的规律性知识来进一步指导实践，导致成长的上限不高。在职场中这样的例子很多，许多人干了一辈子，还只是在基层徘徊。原因就在于他不懂得一个道理，那就是除了干活之外，还要学习、反思和总结，不断提升在某一领域的认知水平和能力，再进一步指导实践才能正向地循环起来。比如，在一个大型餐饮饭店干了十几年的职业经理人，只要善于思考和总结一些规律性的东西，就完全可能辞职创业，还可以做餐饮咨询策划，并通过实践与理论知识的相互加强，形成自己的一套餐饮策划认知和知识体系。

孔子在《论语》中讲："温故而知新，可以为师矣。"说的就是一个认知能力提升的正向反馈循环系统，温习学过的知识能从中获得新的理解与体会，会不断增强对知识的理解。

2. 思考事物之间的关系，找到系统的关键解

丹尼斯·舍伍德曾说过："系统思考重要的是思考事物之间的关系（因果关系），而不是各个事物自身。正是各个部分之间的关系才构成了一个系统和整体，如果不存在关系，就不是一个系统。"①

① 丹尼斯·舍伍德. 系统思考［M］. 邱昭良，刘昕，译. 北京：机械工业出版社，2014.

系统中的事情之所以发生，主要是由系统的结构和各部分之间的关系决定的；并且不只是简单的线性因果关系，而是相互连接的反馈回路网络关系。因此我们看待一个问题时就不能“头痛医头，脚痛医脚”，而要通过系统思维找到是什么引起的头痛，找到事物的关键解，做到标本兼治。

个人成长也是一个道理。通过系统分析，找到那个制约你成长的关键因素，对其进行小小的干预，就能够显著地改善你的成长结果。我们拿学习知识来举例，大家都知道学习知识非常有用，都想通过学习不断成长。知识的积累可以增强认知水平，认知水平的提升能加快你的成长速度，成长速度的提高又会加快知识的积累。这是一个典型的循环系统，在这个循环系统中，许多人都在做着这样的循环反复，但是每个人成长的速度和效果并不一样，那么，在这个系统中的关键解是什么呢？答案就是前文我们介绍的底层临界知识，这样的知识能够更快地帮助你提升认知水平和学习效率，多学习这样的知识就是这个系统的关键解。

3. 成长系统具有动态循环的特征

任何一个系统都是动态循环的，在不断的循环过程中，出现问题要及时反馈，对系统进行调整，达到一个新的动态平衡状态。个人的成长系统也是持续变化的，需要我们不断地进行反馈、调整和修正。

创业也是如此，就像《精益创业》一书里讲的循环系统，使最小化产品方案快速进入市场试错，快速迭代，迅速适应市场[①]。而快速反应和迭代、不断循环实验是精益创业的核心理念，也是一个动态循环系统。图 5-2-3 描述的就是这样的循环系统。

个人的成长系统也是如此，通过不断反思、调整，拥有自己独立的思考能力，在实践中试错，再到认识中去升华，最后形成自己的心智模式。系统的动态循环特征其实也是启发我们：成长是永远的修行，没有终点，成功只是某一时刻的状态，成长是需要持续精进的。

---

① 埃里克·莱斯. 精益创业［M］. 吴彤，译. 北京：中信出版社，2012.

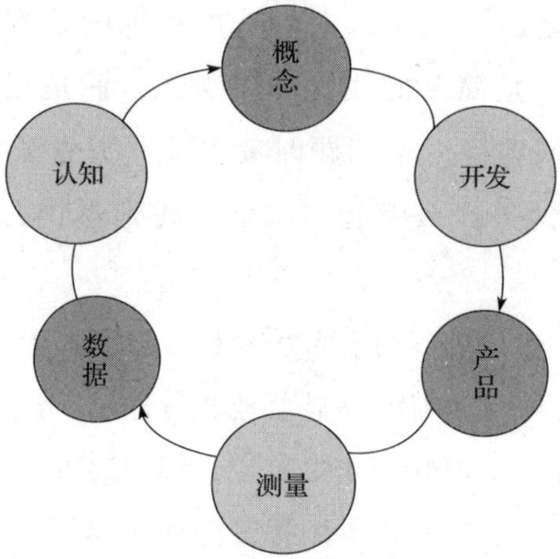

图 5-2-3 开发—测量—认知反馈循环系统

在我们的日常生活中，其实到处都是系统，如呼吸系统、消化系统、交通系统、气候系统、生态系统等，大到宇宙，小到原子都是由一个个系统组成的。有的复杂，有的简单。因此，我们需要培养系统思考的能力和习惯，这也是构建自己深刻洞察力的一种重要方式。每个人的成长都需要进行系统思考，通过系统思考能让你拨开迷雾，找到成长的关键解，建立一套成长的正反馈循环系统，及时反馈、修正，实现人生的飞跃发展。

第三节 “超级个体”时代的赋能系统

一、“超级个体”时代来临

1. “超级个体”新物种正在到来

在 4G 网络时代，大家都在说我们迎来了个体崛起的时代，随着 5G 网络和人工智能时代的到来，“超级个体”这个新物种即将崛起。

过去，我们很难想象一个人创造的财富收入会超过一个拥有几百人乃至上千人的上市公司。但在今天及未来，这样的“超级个体”将越来越多，这样的现象将变得不足为奇。如直播带货领域的几个顶尖人物有时候一场直播就能带货几千万乃至几亿元，这在之前是无法想象的。有数据统计，著名美妆主播李佳琦 2019 年的总收入竟然超过了 60% 的上市公司的年净利润[①]。在得到 APP 的知识付费平台上，李笑来价值 199 元的付费课程能够卖出 20 多万份，这是将近 4000 万元的收入，去掉平台的分账，也是一笔巨款。过去一个知名老师到全国去讲课，一天的课时费一两万元，一年能挣到一两百万元就很不错了。但在“超级个体”崛起的时代，很多知名大学的老师在各种付费平台上开课，一年的收入能够顶过去 10 年的收入。

正是由于互联网技术的发展解决了空间和时间的问题，可以无限放大个体的影响力，也就造就了这个时代特有的新物种——“超级个体”的诞生。

2. 在“超级个体”时代，一个人就是一个公司

一家传统的实体企业想要一年创造 10 亿元收入可能至少需要上千人，一个互联网企业至少也需要 100 人，而在未来一个“超级个体”创造 10 亿元收入可能只要 10 个人就够了。从目前来看，这种趋势愈发明显：在“超级个体”时代，一个人就可以是一个公司，其创造的价值和收入可能顶过去几十人、上百人。未来，我们会发现，围绕一个“超级个体”组成几个人的微型团队将是重要的经济组织形式，而这样的微型组织每年创造上亿元的营收将变得稀松平常。就像《哈佛商业评论》所说：“这是网络个人经济的开始：‘新经济的单位不是企业，而是个体’。”未来，每一个人都是独立的经济体。

3. 在“超级个体”时代，财富分化越来越大

在“超级个体”时代，挣钱的模式将是依靠“超级个体”的能力，这个能力不再依靠过去的有胆识、有关系和有人脉，而是依靠“超级个体”的超强智识能力，未来挣钱靠的是知识和智慧，靠的是持续的创新能力。一个“超级个体”的影响力将体现在能够链接多少粉丝和用户，能够整合多少技术资源为我所用，能够持续创造满足粉丝和用户需求的产品。在依靠智识挣钱的时代，“超级个体”创造财富的能力将越来越强大，财富将进一步分化，差距也将不断扩大。对知识资源、科技资源、智力资源依赖的

① 资料来源于腾讯网，文章名为《李佳琦，一年赚的钱超过 2307 家上市公司的净利润》。

比重也会越来越大，我们将真正地进入一个依靠“脑袋”挣钱的时代。5G时代的来临，必然会加快“超级个体”时代的到来，加速“超级个体”的崛起。

当然，我们必须明白，并不是每个人都能成为“超级个体”，真正能成为“超级个体”的只是极少数人。一小部分人会通过获得巨大的影响力和资源而迅速崛起，而更多的人将成为被服务的人，成为跟随者。因此，要想进化为一个强大的“超级个体”，就需要不断地成长，不断地为自己赋能。

二、赋能系统的构成

在“超级个体”时代，每个人都需要为自己赋能，那么，我们应该从哪些方面入手呢？下面，我们来介绍由六个方面构成的赋能系统，如图 5-3-1所示。

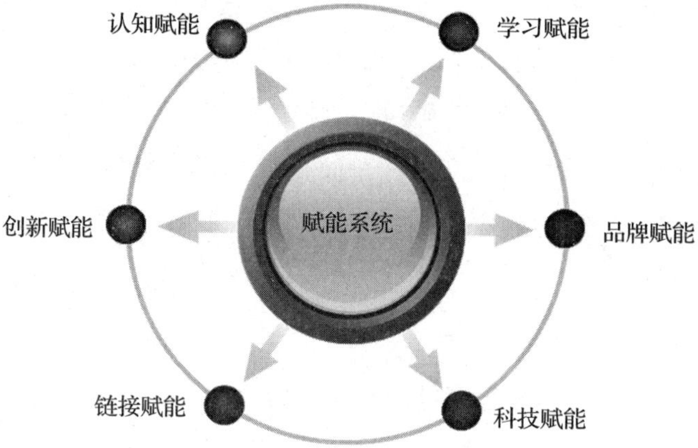

图 5-3-1 “超级个体”时代的赋能系统

1. 学习赋能

未来属于不断学习和成长的人，在“超级个体”崛起的时代更是如此。只有那些终身学习和成长的人才能适应未来的社会，才能有机会进化为“超级个体”。未来最好的投资就是投资学习，只有持续地快速学习和成长才能超过大多数人。学习赋能是成为“超级个体”的最基本、最重要的因素，不能持续更新和迭代自己，就无法成为“超级个体”。

2. 品牌赋能

“超级个体”崛起的时代也是个人品牌崛起的时代，成为“超级个体”的过程就是打造超级个人品牌的过程。成为“超级个体”离不开品牌赋能，品牌不仅能够带来溢价，还能够传递独特和鲜明的价值定位，摆脱同质化竞争。更进一步说，品牌代表的就是“超级个体”的信誉。

3. 科技赋能

借助互联网及科技的力量为自己赋能，科技对未来社会的影响将不断加大，尤其在5G时代，人工智能、万物互联离我们越来越近。作为“超级个体”，必须能够抓住科技的力量为自我赋能。谁利用和掌握新技术的能力越强，谁就会在未来的竞争中占有先机。

每一波科技的浪潮都推动了社会的发展，也为个人和公司提供了无限的新机会。目前，市场上无论是创新的“独角兽”公司，还是正在崛起的“超级个体”，都是很好地利用了科技和互联网的力量。比如那些直播大咖、新媒体达人、共享经济平台，以及各类社交和知识付费平台等，无一不是在利用先进的互联网科技这一工具。科技赋能是成为“超级个体”的重要工具和手段，而且人们对其的依赖性会越来越强。

4. 链接赋能

未来，一个人可以成为一个公司，最重要的一点就是他可以通过便捷的网络和科技，实现跨空间、跨地域的资源整合和链接。“超级个体”一个最重要的能力就是整合和链接更多资源，这个资源可以是粉丝和用户，也可以是资金和人脉，还可以是知识和科技。

一个强大的“超级个体”必须具备超强的资源整合和链接的能力，你可以不用自己拥有和创造这些资源，但是你必须链接和整合到这些资源。这两年“斜杠青年”这个词越来越火，它指拥有多重身份和职业的人群。一些厉害的“斜杠青年”一个人就可以创立多家跨领域和行业的公司，靠的就是整合和链接资源的能力。这个能力也是一个人的核心竞争力及影响力的体现，作为“超级个体”，未来拼的是资源整合和链接的能力。就像现代战争的特种兵一样，前线不需要有太多的地面部队冲锋陷阵，只需要特种兵就行了，既能够侦察敌情，制订作战计划，又能够引导远程打击火力。

5. 创新赋能

未来，要想拥有强大的核心竞争力，“超级个体”必须具备持续的创新能力。比如，做新媒体内容输出的人必须能够持续地进行原创内容输出，做各类服务平台的人必须进行资源整合创新和用户服务创新，做技术类的人更需要不断地创新与迭代以引领行业发展。作为任何一个领域的“超级个体”，创新赋能都是非常有效的措施，而最重要的是要培养创新思维。

6. 认知赋能

作为“超级个体”，必须在认知能力上不断升级，通过强大的认知能力掌握事物的底层规律。想要进化为“超级个体”，就需要具备远超常人的远见和洞察力，能够洞察到事物的发展趋势，提前布局，才能抓住机遇。认知能力决定一个人最终的成长高度，要想成为一个“超级个体”，最终靠的就是强大的认知能力。

三、多维系统赋能强大的“超级个体”

未来已来！对于未来科技的发展，我们总是高估一两年取得的发展成就，又会低估未来 10 年的发展速度。随着 5G 和人工智能的发展，“超级个体”必将成为未来的一个新物种和新群体，而这个群体能获得的影响力和资源将难以想象，造成的财富分化也将更严重。

在趋势面前，我们每个人都可以通过学习、品牌、科技、链接、创新、认知等多维系统赋能，进而成为一个强大的“超级个体”。

第四节　成长的势能思维系统

一、个人成长的势能思维

势能的概念来源于我们学过的物理学，它是指物体由于位置或位形而具有的能，通常势能也叫位能。物理学中的势是一种能量概念。举例来说，你把一个物体举得越高，它的势能就越大。长江三峡大坝就是利用水的落差产生的能量来发电的，落差越大，势能就越大。势本身的概念指力量的惯性趋向，即一切事物表现出来的趋向，比如形势、气势、趋势等。

我们也常说要顺势而为，顺应时代之势、行业之势等。我们无论做什么事还要懂得借势，能够借好势就更容易取得成功。《孙子兵法》中有云："故善战者，求之于势。"[①] 意思是说善于作战者往往会充分利用形势及其变化。为什么要借势呢？就是因为势能够给你带来优势和能量，让你做事能够产生事半功倍的效果。

那么，个人成长需不需要势能呢？答案是肯定的，个人成长也需要借势，成长的势能拉得越高，其能量也就越大，成长的速度就越快，从而越能在竞争中占据优势。如果在成长的过程中能够有意识地拉高我们的势能或是借好势，那么对我们的成长就会起到四两拨千斤的作用。问题是，我们又该如何找到势能并借势成长呢？

二、个人成长的势能思维系统

如图 5-4-1 所示，个人成长的势能思维系统主要包括行业势能、公司势能、城市势能、圈子势能、知识势能、格局势能，利用好这些势能，成长的速度就会更快。

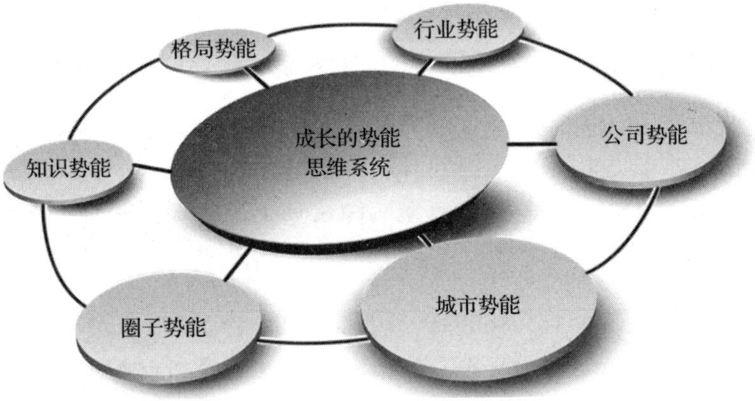

图 5-4-1　个人成长的势能思维系统

① 华杉. 华杉讲透《孙子兵法》[M]. 南京：江苏凤凰文艺出版社，2015.

1. 行业势能

对于上班族来说，行业势能非常重要。一个处于高速增长的朝阳行业给一个人的成长带来的势能，要远大于一个正在走下坡路的夕阳行业。处在高速增长的朝阳行业中，能力的增强将会变得越来越有价值。随着行业快速发展带来的人才需求不断增大，身处此行业中的人才会变得越来越吃香，身价也会水涨船高。处在这种高速发展行业中的人，自然就会被所处的行业赋予了高势能。而对于一个处于夕阳行业的人来说，你在其中的技能及经验的成长将变得越来越不值钱。随着行业的不断衰退，行业势能也将不断下降，你的技能甚至有被淘汰的可能。

对于一个职场人来说，行业的选择对自己未来的成长非常重要，在一个高势能行业中成长 5 年，可能相当于在低势能行业中成长 10 年乃至更久。就像雷军所说的："一个人要做成一件事情，其实本质上不在于你有多强，而在于你要顺势而为，于万仞之上推千钧之石。"创业更要注重势能因素，近几年快速发展起来的"独角兽"公司，如果不是站在拥有巨大势能的行业上，也不会取得成功。

假设在十几年前，有一对毕业于同一所大学的双胞胎，一个选择在当时还比较抢手的传统媒体就业，一个选择在当时还名不见经传的腾讯就职。十几年后的今天，他们的成长和发展可能有天壤之别，一个随着行业的衰落可能被迫转行，另一个可能成长为年薪百万的互联网精英。这就是行业势能对一个人成长的重要性，选择不同的行业给你的成长带来的势能也不一样。选择那些符合时代大趋势的高势能行业就能拉高你的成长势能，让你的成长更快、更高效。

2. 公司势能

一个人在成长过程中，选择在什么样的公司，以及这个公司有着怎样的企业文化，有个什么样的老板，身边的同事是否优秀，都会对成长的势能带来巨大影响。

在一个有着优秀企业文化的好公司和一个好老板手下工作，你就等于拉高了自己的势能。一个公司就是一个平台，选择不同的平台成长，其给你的成长带来的势能就不同。公司越是有发展，文化氛围越好，领导者越是有才能，其给员工带来的成长势能就越高。

2020 年 8 月，河北保定举办了一个文创大赛，在 5 个评委中有一个人才 25 岁，一开始大家还以为他是参赛选手。但是了解后才知道，他是北京启迪之星创投部的总监，毕业才两三年，其远快于别人成长速度的一个重要原因就在于启迪之星这个高势能的平台。一个人在高势能平台成长的速度会远快于在低势能平台的成长速度，因此，我们想要拉高自己的势能，就要选择具有高势能的好公司。

3. 城市势能

不同的城市具有不同的势能，越是大的一线城市其势能越高，相比来说，小城市的势能就比较低。因为大城市相比于小城市，无论是在资源、信息还是机会等方面都占有绝对优势。

你在不同的城市成长，其成长速度也完全不一样。高势能的大城市能够使人成长得更快，而身处低势能的小城市的人往往其机会和视界会受限，成长的速度相比来说就比较慢。在小城市我们往往容易受到城市本身的节奏和发展所限，甚至还容易滋生小富即安的心理，因为身边的人都是这样，结果自然就会导致成长得比较慢。

就拿咨询策划行业来说，在北京这样的一线城市做 3 年，其能力的成长至少等于在三线城市 5 ～ 10 年的成长。因为在北京这样的大城市做咨询，你所接触的客户质量，你所拥有的咨询工具，你能整合的相关资源，以及你所经手的案子数量，是三线城市无法可比的，其个人成长的结果自然也是天差地别。不夸张地说，在一般的三线城市，年营收超过 500 万元的纯咨询策划公司可谓凤毛麟角，而在北京则比比皆是。更何况身处大城市的职场人士由于压力所导致的努力程度也远大于小城市，这种大城市所具有的无形势能也能促使一个人更快地成长。

4. 圈子势能

每个人都有自己的社交圈子，在你的圈子里你会发现这样一个现象：你身边最要好的 5 个朋友的收入加起来除以五就是你的收入，同理，这 5 个人的平均能力也就是你的能力。这是商业哲学家吉米・罗恩（Jim Rohn）提出的一个理论。这个理论其实告诉我们，你选择和谁在一起是很重要的，如果你的身边都是比你优秀的朋友或老师，那么你自己也会变得更优秀。

因此，我们既要慎重选择自己成长和交往的圈子，也要不断升级自己的圈子，升级圈子其实就是升级你的势能。圈层水平越高，势能就越高，就越有助于你的成长。升级圈子就需要我们不断地提升自己的能力，不断地通过学习突破自己，平时把你的闲暇时间多用来看看书，没事的时候也多参加一些高层级的社交活动，结识更多优秀的人。

5. 知识势能

知识也有势能，不同的知识给人带来的成长是完全不一样的。比如，我们在手机及互联网上每天都能刷到很多碎片化的知识，其实这些知识的势能就没有那些成体系的书籍中的知识高。我们在前文说的底层知识，其势能就比一般普通的概念性及常识性的知识势能更高。因此，学习知识一定要选择那些势能更高的知识，这些知识能够给你的成长带来巨大的杠杆作用，真正地起到事半功倍的效果。

6. 格局势能

一个人的格局势能高，成长才会快。什么是格局势能呢？就是一个人在做事的时候，他所站的高度及在这个高度上所具有的眼界，以及在这样的眼界下对问题思考的深度。当你的眼界越高远，看问题的深度越直抵本质，你的格局势能就越高。这样的格局势能越高，对于我们做事和成长就越有帮助。

成长就如同我们走迷宫一样，格局大、势能高的人能够从更高、更远的视角看问题，很快就能找到高效的成长路径，走出迷宫。而那些格局小、势能低的人往往容易迷路甚至走入死胡同，成长的速度就会很慢。格局势能的提高不是一时一刻的事，而是需要我们长期坚持修炼。我们要主动学习和实践，不断提高自己的认知以修炼和提升自己的格局势能。

古希腊著名哲学家阿基米德说过："给我一支点，我就能翘起整个地球。"人生就是要找到高势能的杠杆，让你的成长发生巨大的改变。这个杠杆可能是一个贵人，也可能是某一本书或一个重要的知识，还有可能是一个创业机会等。在个人成长的过程中，一个会借势的人会使自己的势能和力量增加十倍乃至百倍。

第六章

成长的经营管理思维

每个人的成长都需要用心地去经营和管理，经营管理思维是成长过程中非常重要的策略思维。经营成长就像经营企业一样，既要有战略思维，又要有品牌思维，这样才能构筑起自己的核心竞争力。

第一节 像经营企业一样经营自我成长

一、成长也需要经营

最近几年，互联网的普及和发展确实给个人成长和发展提供了更大的空间和可能，人工智能及各种新技术的到来也让职场中的个体感到压力日增。正因如此，越来越多的人开始意识到学习和成长的重要性。因为你不学习，随时都有可能被竞争对手淘汰，而且这个竞争对手不仅是你的同事，还有可能是人工智能。

今天这个时代不像过去那样什么都很慢，而是变化得很快，就连个人的技能也是一样，需要不断地迭代、升级或创新，不然很快就会无用武之地。因此，我们每个人都要持续地成长，才能在这个时代生活得更好，也才有可能取得远胜于普通人的成功。

既然成长很重要，那么一个人的成长是应该漫无目的、随心所欲，还是需要去用心经营呢？事实上，每个领域的高手或成功人士所取得的成长都是用心经营的结果，要不然你的成长就会低效且缓慢，其结果可能导致别人 3

年取得的成绩相当于你 10 年取得的成绩。

既然高效的成长是需要经营的，那么该如何用心经营自己的成长呢？其实，人的成长和企业的成长有很多相似之处，都需要用心地去经营，都需要愿景、目标、品牌、创新和策略。

二、如何经营自己的成长

1. 经营成长需要有愿景和使命

众所周知，任何一个致力于长远发展的企业都有自己的愿景和使命。使命是一个企业存在的理由，也确定了企业的发展方向。愿景是企业对自己未来的设想和展望，它为企业提供了一个清晰的未来图景，能够告诉自己的员工，企业将走向哪里。愿景和使命对一个企业的经营非常重要，如果把企业比作一棵大树，那么它们的作用就好比是这棵大树的根。比如，华为公司的愿景和使命是把数字世界带入每个人、每个家庭、每个组织，构建万物互联的智能世界。

经营自己的成长也是一样，同样需要自己的愿景和使命。如果你想取得和别人不一样的巨大成功和成长高度，你就要给自己的成长设定一个清晰的愿景，而且是带着内心深处的使命感去完成的。只有有了愿景，你才能让自己的成长有具体的方向和使命，你才能让自己的成长更有意义，才能有更强大的内在驱动力。

愿景和使命是一个人成长最大的内在动力。一个人的成长不是一时的事，而是长期的事，甚至是一辈子的事，这就需要有方向，也需要有动力，这样的成长才能持久下去。没有愿景和使命的成长，就像一艘没有罗盘的船，只会在茫茫大海上毫无目的地打转、随波逐流，永远到不了理想的彼岸。

2. 经营成长需要有战略和方法

经营企业有一项非常重要的事情就是制订企业的战略。我们说愿景是企业未来发展达到的理想状态和图景，而战略则是一个企业中长期的发展规划，是指导企业在这个时期内如何根据自身的优劣势扬长避短，做出关键性的战略取舍，聚焦在核心优势业务上，并制订一系列相匹配的行动计划。

战略对于个人成长来说也十分重要。成长必须得有规划，既要有长期乃至一辈子的战略规划，也要有 3 ～ 5 年的战略规划。制订好自己每个发展阶段的规划，知道自己每个阶段该干什么、该怎么干。有战略的成长才能更快地实现成长的目标和愿景。

3. 经营成长需要定位和品牌

一个企业无论是经营产品或是服务，如果想要有竞争力，就需要找到精准的定位，打造强大的品牌。在同质化竞争越发激烈的今天，品牌价值的重要性越发凸显。一提到 5G 大家就能够想到华为，一提到空调就能够想到格力，一提到奶茶就能够想到香飘飘。这就是品牌和定位的价值，它能够占领用户的心智资源，每当提到这个品类的时候，我们就能够想到这个品牌。

在互联网已经普及的今天，对于经营个人的成长来说，准确的定位和品牌的打造同样非常重要。比如，李佳琦、薇娅、李子柒等这样的“超级个体”，他们的成功就离不开精准的定位和个人品牌的打造。成长的方向和领域成百上千，而定位就是要做到在某个细分领域内成为唯一或者第一，这样才更容易打造个人品牌，也更容易被别人记住。许多人都知道世界第一高峰是珠穆朗玛峰，却很少有人知道世界第二高峰叫什么，这就是成为第一的重要性。

当前，我们处在个人品牌加速崛起的大好时代，要想经营好自己的成长，一定离不开准确的定位和品牌的打造，而这个时代也为任何一个想打造个人品牌的人提供了更好的机会和可能。

4. 经营成长需要管理和营销

企业做得越大越需要管理，管理就是让企业更加有效率；而营销就是企业实现价值的过程，再好的产品也得有用户需求，也得宣传推广出去。企业的管理和营销的目的就是要实现企业价值的最大化。

个人的成长同样需要管理和营销。一个人在某个领域有了愿景和战略，定好位后，接下来就是通过管理和营销自己的成长，让其更加高效，使成长的价值最大化，只有更加高效的成长才能更快地建立起自己的品牌。在成长的过程中需要做好各种管理，如计划执行的管理、目标管理、时间管理及人的情绪和意志力管理等。

成长也需要营销。成长的过程就是输出产品和价值的过程，而输出的产品和价值一定是能够满足别人某种需求的。营销还有一个重要的作用，就是宣传产品和价值。只有让更多的人知道你提供的产品、使用你的产品，你的成长才能具有更大的价值。如果你是一个内容创造者，产品的内容再好，但是没人知道，也没人受益，那也是白费。个人品牌的打造离不开宣传和推广，只有自己知道那不是品牌，只有自己受益那不叫价值，能够把自己营销出去才能实现成长价值的最大化。

三、个人成长最重要的是创新和创造价值

企业的持续发展离不开创新，创新就是为顾客创造新的价值。只有不断地为顾客和社会创造价值，才能确保企业的长久经营和增长。

个人成长也是如此。一个人的成长有没有意义，最重要的就是看你的成长能不能通过创新为他人和社会创造价值。坦白地说，成长并不全是为了赚更多的钱。企业也是一样，企业做得越大，越承担着更多的社会责任。就拿华为来说，其通过创新能力不断为我国5G技术的发展做出巨大贡献。它已经不能说是一个只为老板和员工挣钱的普通企业，而是承担着社会发展和技术创新的重担，甚至承担着使中国强大和崛起的责任和使命。作为一个个体，我们的成长也不应是自私的，而是能够帮助到别人的，能够为社会带来正能量和价值的。创新是企业生存的不竭动力和源泉，也是个人及品牌成长的重要保障，成长的过程就是不断突破自我、创新自我的过程，也是不断创造价值的过程。

第二节　成长的核心竞争力思维

一个人的核心竞争力是指个人相较于竞争对手而言所具备的竞争优势

与核心能力的差异。无论是在日常生活中还是在职场中，具备核心竞争力，在优胜劣汰的竞争环境下你就能够胜出。对于个人的核心竞争力，不同的人有不同的理解。有的人认为核心竞争力表现为创新能力，有的人认为核心竞争力表现为学习能力，还有的人认为核心竞争力来源于家庭背景、学历、经历、外貌长相等，那么，一个人真正的核心竞争力到底来源于哪个方面呢？

一、看不见的才是真正的核心竞争力

首先，我们将一个人的核心竞争力分为看得见的和看不见的两类，看得见的部分如家庭背景、学历、外貌，父母给你留下的资产和人脉，你是本科毕业还是研究生毕业，这些因素通常是可以衡量的，都清晰可见。

对企业来说，看得见的部分就是厂房、设备、现金等有形资产。但你会发现，无论是企业还是个人，看得见的部分并不是核心竞争力的关键。对于企业来说，真正的核心竞争力来自品牌、文化和价值观，这些看不见的无形的东西才是支撑企业可持续发展的核心竞争力。对于个人来说，真正的核心竞争力来源于一个人持续的学习和成长能力及不断提高的认知能力，即一个人看不见的软实力。

在当今这样一个“只有变化才是唯一的不变”的时代，所有外在的看得见的都不能构成持久竞争力。父母给的遗产再多，如果自己不努力，早晚会坐吃山空。如今，财富洗牌的速度越来越快，继承多少财富并不重要，重要的是一个人能够创造多少财富。

同样，学历在当今的职场竞争中也越来越不如以前好用了。过去，在高学历稀缺的年代，拥有了高学历就意味着拿到了一块好工作的敲门砖。如今，高学历人才供给市场不断增大，用人单位对学历的要求已经不如过去那么高了。而且，决定一个人在职场中发展好与不好，绝不取决于学历的高低，而是看其是否能不断地学习和成长，认知能力和综合素养是否在不断提升，职场跃迁提升的关键就是持续学习和成长的能力。这个能力所构筑的核心竞争力是持久的、不会过时的，即使在人工智能即将来临的时代也依然如此。

二、一技之长的竞争力还可靠吗

很多人都羡慕那些有一技之长的人，一技之长的确能够给人带来一定的竞争力。过去，许多人依靠一技之长就端上了“铁饭碗”。比如，在二十世纪八九十年代，会修自行车绝对是一门可以生存的技能。然而，随着社会的飞速发展，越来越多的一技之长不再好使，所带来的竞争力也大不如前。

过去，你要是会用珠算算数都是一项强大的技能，后来计算器出现了，算盘没人用了；之前，会外语算是一门技能，现在随着在线翻译和人工智能的出现，这门技能也越来越弱化了；倒退 20 年，会开车算是一门技能，现在则几乎人人都会开车了。事实上，过去的所谓一技之长，随着时代的发展可能连这个职业都会消失。所以，真正的一技之长应该是持续的学习和成长能力，这个能力随着时间的积累只会越来越强，而不会变弱或消失。一技之长可能会过时，但学习和成长能力不会。

三、如何构建个人的核心竞争力

清楚了核心竞争力的来源，那么，我们该如何构建可持续的核心竞争力呢？我认为可从四个方面入手。

1. 构建长度思维

看一个人的核心竞争力强不强，首先就看其持续学习和成长的能力强不强。核心竞争力的构建是一个长期积累的过程，也是持续升级的过程。

未来，依赖一个技能吃一辈子“饭”的可能性越来越小，即使是医生和教师这样的职业，随着人工智能、大数据等先进科技的发展，也会受到影响。古人云：“三十年河东，三十年河西。”现在这个说法有些过时了，用“十年河东，十年河西”都觉得太长了。科技和知识正在以指数级模式发展和增长，未来说不定一年都会一个大变样。

我们经常说还没出校门，所学的专业知识就已经过时了，这就是这个时代的特征，知识更新的速度不是线性的，而是指数级的。因此，我们的竞争力即学习和成长能力也应该是持续的指数级的增长，才能更好地适应这个时代。著名的日本活动家、创业者和风险投资家伊藤穰一认为，网络时代的首要条件并不是快速地变化，而是持续地变化。对于核心竞争力的构建来说也是一样，不是快速地学习和成长，而是持续地快速学习和成长。

2. 构建速度思维

英国关系学家雷格·瑞文斯说过："一个生物体想获得生存和发展，它的学习速度必须大于或等于环境变化的速度。"拿我国互联网的风口演变来说，最早是门户网站风口（网易、搜狐等），后来是电商风口（淘宝 + 天猫、京东、当当等）和搜索风口（百度、360 等），接着是社交风口（腾讯微信、新浪微博），现在是直播、短视频（抖音）、共享经济等风口，新物种在不断涌现。有的人刚开始学会玩博客，没过两年就出了微博，微博还没玩热乎，又出现了微信，对微信公众号刚摸到了点儿门道，又出了抖音。如果你的学习速度慢，你会发现每一波红利你都抓不到。

因此，一个人核心竞争力强的表现就是学习的速度要大于环境变化的速度，只有大于环境变化的速度，你才能通过构建的核心竞争力获得超额回报。如果你和大多数人一样，与环境变化的速度保持同速，你最多能够获得平均水平的收益回报。当然，如果你的学习速度慢于环境变化和其他人的速度，那么可能别人吃肉你连喝汤的份儿都没有。管理大师彼得·圣吉说："你未来唯一持久的优势就是拥有比你的竞争对手学得更快的能力，你可以拒绝学习，但你的竞争对手不会。"

3. 构建深度思维

一个人的核心竞争力来源于你在某个特定细分领域的长期积累，你的这个专业能力就好比一个产品，打造这个产品的竞争力要秉承"1 米宽、一千米深"的理念，也就是将一件事情做到极致。

你的竞争力强不强，就看你所拥有的专业能力够不够强。樊登在阅读领域不断深耕，通过每年深度解读 50 本书，发展成了拥有上千万会员的樊登读书会。深度构建核心竞争力，就是要在自己专注的领域持续精进，不断刻意练习，成为这个领域的顶尖高手或专家。这是一个“胜者通吃”的年代，如果你能在某个领域中表现得比所有人都高出一点点的优势，也许你的收入就会比所有人都高出很多倍。

4. 构建角度思维

这里说的角度，就是你的核心竞争力与其他人相比的差异化竞争优势，也就是你的与众不同之处是什么。因此，构建自己的核心竞争力，就是要做好在自己擅长的细分领域的差异化定位，通过差异化构筑无法替代的核心竞争力是这个时代有效的生存法则。

有四种差异化定位策略可以构建与众不同的竞争优势。

一是别人没有，只有我有。这是你的独特技能，也就是所谓的唯一。你既可以是公司里面的唯一，也可以是整个领域的唯一，这些都会为你带来竞争优势。就好比售价惊人的茅台酒，之所以独一无二，是因为放到别处就生产不出一模一样的酒。

二是别人有，我比他好。这叫相对竞争优势，就是在某个方面比别人更好，比别人更优秀一点。尤其是在体育比赛方面，如果你比别人更好就能够胜出。拿百米赛跑来说，你比别人哪怕快 1 微秒都是巨大的竞争优势。

三是别人有，我也有，但我和他不一样。这就是差异化优势。我们拿汽车来举例子可能更好理解一点。同样是豪华车品牌，奔驰、宝马和沃尔沃有着不同的差异化诉求，奔驰用“尊贵”来体现车主的身份和地位，宝马则以“驾驶的乐趣”作为品牌诉求，而沃尔沃更强调安全诉求，它们都赢得了一定的市场。

四是别人有一个技能，我有两个或更多。事实上，你把自己的某项技能练到该领域最好或全世界最好非常困难，只有极少数人能做到。但是你可以选择把两项技能都练到处于该领域前 25%，这就比较容易。从概率的角度说，能够同时拥有两项排名在前 25% 的技能的人，其实是非常少的，如果你能把这两个技能结合起来去做一件事，你就可能取得了不起的成就。

第三节 高效成长的战略思维

一、个人成长也需要战略思维

一提到“战略”这两个字，大家最容易想到的，也是应用最多的就是在战争领域。中国有《孙子兵法》，西方有克劳塞维茨的《战争论》，这些都是讲战略思维的经典著作。无论是在中国历史上还是世界历史上，战争中以少胜多、以弱胜强的战役不胜枚举，中国有赤壁之战、官渡之战，西方有坎尼会战、马拉松战役等。在这些经典的战役中，之所以出现了以少胜多、以弱胜强的局面，好的战略谋划起到了至关重要的作用。

在军事上洞察局势，善于制订战略，具有远见卓识，就能取得战争的胜利。在商业领域，战略规划同样具有重要作用。企业只有在变革中寻找到有效的战略途径，才能推动企业发展和转型。

那么，在个人成长领域，战略思维还有用吗？答案是肯定的。其实，一个人的成长和企业的成长有很多相似之处，因此，可以说，个人成长也需要战略规划和战略思维。当你在成长中学会了运用战略思维去规划和做事，就会起到事半功倍的效果。

二、你对战略的理解到位吗

许多人对于什么是战略多少会有一些概念，但是能够对其理解得比较到位的并不多，能够很好地将战略思维应用到生活中的更是少数人。就连那些做企业的老板，真正透彻理解战略的含义，并将战略思维应用于企业实践的也不多。许多人并没有真正理解战略的本质和核心要义，有的人对于战略的理解甚至还存在误区。

1. 把目标当战略

大多数人对战略的理解最容易犯的一个错误就是把目标当作战略，企业在制订战略时也是一样。大家在意识里总认为只要有目标就够了，其实不然。拿个人成长来说，许多人喜欢每年都制订各种各样的成长目标，但一年下来却发现总是实现不了，空有目标而没有策略和有效的行动，到头来只是一场空。

很多企业也喜欢制订各种增长目标，每年年底或年初都要举行全体员工动员大会，以为通过动员和激励就能够实现目标，其实并非如此。真正的战略是评估和分析当下增长和发展的关键性问题和障碍，进而制订指导方案，集中调动有限的资源，通过一系列连贯性的协同行动去实现增长。这才是有效的战略制订过程，而不是只设定目标就行了。如果你的企业处在下滑趋势的行业，光靠动员和激励是无法解决根本问题的，而战略工作的本质并不是设定目标，而是解决问题。

2. 制订遥不可及的战略目标

这样的目标往往看起来高大上，实际上不着边际，根本就没有可行性。战略目标是为了达成最终目的而设定的，是为了解决关键问题而制订的，是在评估自身优劣势资源和能力的基础上制订的，而不能把宏大的愿景当战略。

大家有没有发现，身边总有些人这样制订战略，如做培训的人一说就是要影响几亿中国人，其实他连自身都做得不够好，就要制订几年内影响几亿人的计划。这种没有可行性和逻辑性，全凭满腔热血和偏执信念的行为，根本不是战略。

3. 制订太多的战略目标

个人或企业的能力和资源都是有限的，制订个人成长战略或企业战略的时候，不能总想一口吃个胖子，什么都想做的结果就是什么都做不成。

在个人成长方面，每一两年制订一两个战略成长目标就可以，贪多往往事与愿违。尤其在每年毕业季，很多学生既想考研究生，又想考公务员，平时还忙着考这个证、那个证，没有专注和聚焦，很难获得有效的成长。在职场中也是一样，定年度成长目标时什么都想发展，比如人脉、财富、专业技能、时间管理、投资理财、写作、读书等，反倒不如每年聚焦在一个主要目标上更有效。

那么，到底该如何理解战略的核心要义呢？

在《好战略，坏战略》一书中，全世界战略研究的开拓者之一、理查德·鲁梅尔特给出了准确的答案："战略的核心内容是分析当前的形势、制订指导方针来应对重大困难，并采取一系列连贯性的行动。"他认为，战略核心包含三个要素，即调查分析、指导方针和连贯性活动。[①] 做任何战略之前，都要进行调查分析和全面评估，确定你的优势和劣势，评估机遇与风险，进而制订解决关键问题和障碍的整体策略方针，调动有限资源展开一系列的连贯性的协同活动，落实既定的指导方针。可以说，战略制订是一个系统工作，每一步工作都很重要，环环相扣、缺一不可。

三、如何在个人成长中运用战略思维

1. 正确评估自己

制订有效的个人成长战略需要对自己进行评估。评估自己到底擅长什么，自身最大的优势是什么，最大的劣势是什么，也就是首先做到知己。既不能高估自己，也不能低估自己，看清自己的能力边界，准确评估自己的优劣势是制订成长战略的前提。著名学者马未都说过："不能正确评估自己，就是在浪费人生。"同样的，不能正确评估自己，你就制订不了有效的成长战略。

2. 扬长避短

好的战略最大的优点就是能够扬长避短，充分发挥你的优势和长项，规避自己的劣势和短处，这是一个重要的战略思维。有的人性格内向，有的人性格外向，有的人善于分析和思考，有的人善于结交人脉，有的人善于写作，有的人善于演讲。总之，在你的成长方向和战略选择上，最有效的策略就是以己之长攻人之短，取得相对竞争优势。姚明有着两米多的身高，你非得让他去打乒乓球，即使再刻苦训练，可能也不会发展得太好，身高的优势反倒变成了劣势。但是他在篮球领域就能够发挥特长，取得异于常人的成就。其实，将你的优点或长处发挥到极致，你就能够成为某个领域的高手和专家。

3. 相互协同的连贯行动

一个有效的战略需要有一系列相互协同的行动支撑。行动之间不是孤立

① 理查德·鲁梅尔特. 好战略，坏战略［M］. 蒋宗强，译. 北京：中信出版社，2017.

的，而是相互协调、互相促进的。比如，你制订了三年内出一本书的目标，那么你就要练习写作，写作又涉及语言练习、逻辑练习、标题练习，还要练习如何写故事，还要大量阅读，寻找写作素材，做好时间管理，开通自己的自媒体等。你的所有行动是连贯的，也是相互协同的，都在为实现战略目标而努力。理查德·鲁梅尔特指出："行动的协调性是战略最基本的影响力之源或优势之源。"

4. 聚焦才能发挥出战略的威力

好的战略就是要有所为、有所不为。战略有时候就是取舍的艺术，好战略必须集中有限资源、智慧和行动来获得力量。取舍就意味着要学会放弃，放弃核心成长方向和领域以外的其他各种想法。毕竟每个人的时间和精力都是有限的，你不可能同时在多个领域取得巨大的发展和成功。知道自己能做什么、不能做什么才是最有效的战略。什么都想做、什么都浅尝辄止，最后注定是一事无成。

专注和聚焦才能发挥战略的最大效用。因为任何一个人或一个企业都不可能拥有无限的资源和能力，如果那样也就不需要所谓的战略了。有效的成长战略应该聚焦在一个细分领域里，找准定位，通过大量的协同行动去精进和成长，当你集中精力实现较少或有限的目标时，就会得到更大的收益。

5. 找到撬动地球的那个支点

阿基米德曾说过："给我一个支点，我就能撬起整个地球。"对于战略来说，什么是那个支点呢？就是通过深刻的洞察，发现关键障碍因素，找到问题的关键，然后通过一系列协同性活动去解决问题。我们看待一个问题时不能只盯着表面现象，而是要找到深层次的关键解，关键解才是发挥战略杠杆作用的支点。在成长和学习中也要找到那个影响成长系统的关键解，集中精力和行动去解决，才能够实现快速突破。

6. 摆脱惯性思维，以全新视角创造优势

爱因斯坦说："持续不断地用同样的方法做同一件事情，却期望得到不同的结果，这就叫荒谬。"只有摆脱惯性思维方式，从不同的或全新的视角看待事物，让思维方式有所转变，才有可能破局，创造出新的战略优势。

美国的“铁路大王”范德比尔特最早是靠做轮船运输业发家的，他进入这个行业比较早，随着市场需求的扩大，轮船运输业成了热门行业。正当大家都在疯狂涌入的时候，他却做了一个出乎大家意料的决定——把所有轮船都卖掉了。因为他意识到这个行业很快会供大于求，而铁路运输业才刚刚开始，于是他把卖船的全部资金投到铁路上，成了那个时代名副其实的“铁路大王”。范德比尔特以全新的视角，跳出惯性思维来看待事物的发展，为自己的事业开创了新的蓝海领域和竞争优势，而不是固守轮船运输业，在红海中拼杀，最终走向衰退。

7. 能力与目标相匹配的战略才是好战略

真正好的成长战略是做到能力与目标的相互平衡和匹配，就像《大战略》的作者加迪斯所说的：“目标与能力的平衡即为战略。”我们在目标与能力的匹配中最容易出现的状况就是目标定得高，但是能力低，也就是过高估计自己的能力，导致目标定得过高，最后根本无法实现。这在心理学上叫“邓宁－克鲁格效应”，其研究显示，我们很少能够正确地衡量自己的能力，而且常常容易高估自己的能力。因此，在成长的道路上，我们既要对自己的人生目标执着追求，保持正确的方向，又要在不断变化的环境中正确评估自己，让自己的能力与目标相匹配。

好战略往往不是依靠单一的方面，而是综合运用了几个方面。战略不是空想，也不只是目标，对自身条件进行客观评估，采取相关行动策略，制订适合自己的战略才有用。

第四节　高效成长的品牌思维

一、个人品牌时代已来临

河北省北部山区的农村比较偏远，但是，现在那里的很多农民都在玩短视频，有的人还能通过在上面发布原创内容挣钱。这从侧面说明了现在互联网及新媒体已经发展到无处不在的地步了，移动互联网的渗透能力超出了很多人的想象。

如今，传统的中心化媒体日渐衰落，而去中心化的新媒体、新物种正在不断地诞生，当然，这离不开互联网和智能手机的发展。在新的时代背景下，个体正在崛起，个人品牌化时代已然来临。

二、人人都可以打造个人品牌

一提到品牌这个词，很多人最先想到的往往是那些熟悉的产品品牌，如手机品牌有华为、小米、苹果等，啤酒品牌有雪花、哈尔滨、燕京等。事实上，作为个体的人也是有品牌的，也需要运用品牌思维去建立和打造属于自己的个人品牌。说起个人品牌，我们立刻就能想到网红等，他们拥有非常多的粉丝和流量，也在提供着相应的产品和内容。实际上，无论你是一个独立的个体还是依托于某一个组织，也不论是什么行业，都可以打造自己的品牌。

伴随着信息技术和智能硬件的发展，去中心化成了必然，也就促使了个体的崛起。过去，个体的品牌影响力如果没有传统媒体的放大和传播，就会受到地理和时间因素的限制。之前，说起个人品牌，主要集中在娱乐和体育明星等人群。如今，各类自媒体发展迅猛，塑造个人品牌已经不再是娱乐明星和体育明星的专属了，而是人人都可以打造自己的品牌，扩大自己的影响力。

不仅如此，企业家人群近几年也掀起了打造个人品牌的风潮，纷纷为自己的企业代言。雷军、董明珠、俞敏洪等企业大佬们都开始在各类自媒体中不断地曝光。当然，他们主要还是通过个人影响力为企业做宣传。而对于那些初创企业的创业者，他们更加需要打造自己的品牌去推动创业。每一个创业者都是自己企业最大的营销者，因此，如何通过自己的影响力去带动企业发展，也是新时代的新课题。

说到个人品牌的打造，最典型的案例当属各行各业中的专家。比如，教师、实战专家及某一领域的高手等。在过去，一个老师最主要的收入就是工资收入，现在通过各类互联网内容服务平台，一个人的价值和影响力被极大地放大了。举例来说，得到 APP 上的专家学者在以前即使很厉害，知道的人也很有限。而现在，通过互联网各类平台和自身过硬的内容产品，一个专家学者创造的财富可以是过去的几十倍甚至上百倍，其影响力也是成百上千倍地扩大。

过去有句俗话，叫“行行出状元”。如今，互联网时代为这句话做出了最好的诠释，无论你是干什么的，只要适合在网络新媒体传播，都能够建立自己的品牌。如果你做饭比较好吃，可以通过线上教别人做饭；如果你唱歌比较好，可以在网络上展示你的歌喉；如果你讲笑话比较厉害，也可以通过网络发布内容，吸引流量；如果你读书读得好，也可以像樊登一样成立读书会。只要你生产的内容具有足够的价值，就能够建立自己的品牌。这个时代的确为每个人提供了最好的展现自己价值的机会。

三、如何打造个人品牌

个体展示自我价值需要塑造个人品牌，那么，如何打造个人品牌呢？

1. 独特的价值定位

对于个人品牌的打造，首要的一点就是品牌定位，你的定位最好与众不同，能为别人和社会提供独特的价值。这是品牌的核心，也是个人品牌的载体。个人品牌不仅指的是作为生物的人，还包括这个人能够传递的信息综合体，而在这个信息综合体中，最重要的是能提供价值。

作为个体，你提供的价值可以多种多样。比如，你给别人带来娱乐的东西，给别人带来成长的东西及教会别人一个技巧等。前提是能够给别人带来帮助和价值。提供有价值的东西最好具有一定的独特性，这对于塑造个人品牌更有利。如果你提供的价值很多人都能提供，就很难脱颖而出。要么你做得比别人更好，要么与别人不一样。

2. 找到自己擅长的细分领域

打造个人品牌最好是在你所擅长的领域。如有的人擅长写作，有的擅长演讲，有的人擅长策划，有的人擅长做饭，有的人擅长读书，有的人擅长跑步，有的人擅长说脱口秀等。依托你擅长的领域更容易建立起个人的品牌资产，也更容易扩大其影响力。因此找到自己擅长的细分领域就是最好的定位。

许多人都知道林依轮原来的定位是歌手，后来将精力用在了做辣酱上，并取得了转型成功。为什么说要在擅长的领域打造个人品牌？因为擅长意味着比别人做得更好，比别人做得好才能形成竞争优势，有了竞争优势，品牌才更容易打造。

3. 在自己擅长的细分领域里深耕

大家都知道，要想成为某个领域的专家或高手，你需要有足够长的时间积累和练习，才能在这个领域里崭露头角。许多领域的高手都是经过了上万个小时或十余年的积累和深耕才取得相应的成就的。

深耕自己的领域好比是做产品时的匠人精神。社会的发展非常快，许多人尤其是年轻人没有定力，比较浮躁，在一个领域里还没做一两年就开始换。许多人毕业都 10 年了，还在不断地换工作、换领域，导致没有自己擅长的东西，个人品牌的建立就比较难。在这个信息比较发达和透明的社会，唯有提供的内容或产品更有深度才能创造更大的价值。

4. 信用是个人品牌中最为重要的资产

个人品牌的塑造是一个持续和积累的过程，即需要始终能够提供有价值的产品，也需要注重个人品牌信用的积累和维护。随着时代的发展，信用不仅在经济领域非常重要，在整个社会都会越来越重要，作为个体的我们，信用价值千金。过去我们常说："有理走遍天下，无理寸步难行。"而现在我们要说："有信用走遍天下，无信用寸步难行。"信用是你品牌中最为重要的资产。

信息的传播越来越快、越来越容易，建立个人品牌一定要把品牌信用放在重中之重的位置。因此，无论做什么都要讲信用，都要传递正能量。这也是一个人品牌形象中的重要内容，个人品牌信用出现了问题，品牌形象就会受到影响，品牌价值就会降低甚至毁灭。能够值得信赖的个体品牌才能可持续发展，走得更远。

内容创业和内容付费的发展趋势越来越强，每一个个体都可以通过互联网及智能硬件技术来展现自己的价值，这也为个人品牌的打造提供了肥沃的土壤和适宜的生长条件。只要你对准需求，提供独特的价值，且不断深耕，为社会创造具有正能量的价值，你就可以打造出自己的品牌。

第五节　高效成长的目标思维

在生活中，我们经常会制订各种各样的目标，如有的人想减肥，就会制订减肥目标，有的人想增加收入，就会制订收入目标。近两年，很多人都在说终身学习和成长，那么你就要制订成长目标。大家都知道成长很重要，也都希望通过制订各种成长目标来实现自我的成长和进步。但是我发现，很多人年初都满怀激情、一腔热血地制订了自己的成长目标，年底总结时，发现没有几个人能够实现既定的目标，大部分人都半途而废了。

当然，没有实现目标既有自身的原因，也有制订目标的方法问题。下面，我们就来谈一谈如何制订有效的成长目标。

一、制订有效成长目标的两个重要认知前提

要想制订有效的成长目标，必须具备两个重要的认知前提。

一是认识到自己想成长，自己主动想改变，而且是发自内心深处的。这是第一个重要前提，如果你从内心深处都不想成长和改变，制订多少目标都没用。当看到别人都在成长，都在实现目标，自己一时心血来潮也想制订个目标试一试，那么你很难最终实现目标。要知道，如果根本的动因和动念不足，你就无法长久地坚持下去，你必须在认知上意识到成长和改变的重要性，再去制订目标才是有效的成长目标。

二是在认知上意识到有目标的成长比没有目标的成长更有效，也就是说你得意识到制订目标的重要性。如果制订目标对成长没什么用，你就很难制订出有效的目标。美国加州多明尼克大学教授盖尔·马修斯研究发现，仅仅是写下目标这一做法，就能够将个人成就水平提高 42%。这就是有目标的重要性。[①]

二、如何制订有效的成长目标

要想制订有效的成长目标，就需要从以下几个方面入手。

① 迈克尔·海亚特. 规划最好的一年［M］. 袁楚怡，高剑，译. 天津：天津人民出版社，2019.

1. 目标设定得越明确越有效

为什么这么说呢？因为越明确的目标越好执行，越明确的目标其边界和范围就越聚焦，我们的投入就会越集中和高效。举个例子大家就明白了。比如，一个人打算明年在读书方面有所进步和成长，定目标的时候就不能说“明年多读书”，而是应该明确到明年读多少本书、读哪方面的书，最好细分到每月、每周的读书规划，这样才更有利于形成习惯，才更容易执行到位。而笼统地制订一个模糊的目标，很容易半途而废。事实上，越是容易量化和细分的目标，越容易执行。因此在制订成长目标时，最好能够明确数量，能够细分量化，找到最适合执行的时间段，且有清晰的期限要求。

2. 你的目标处在学习区里才更有效

在制订个人的成长目标时，最好让目标处在你的学习区里，因为只有处在学习区，才能不断取得进步，才会收获更多的成长。目标不能定得太容易，如果没有挑战，没有难度，这样的目标即使完成了，对于自己的进步效果也不会太好。目标理论家埃德温・A. 洛克和加里・P. 莱瑟姆在目标难度与个人表现方面的研究显示，目标难度和个人表现之间存在线性关系。目标难度最高的实验参与者的个人成就比目标难度最低的参与者高 250%。

有挑战性才会有更大的收获，太安逸就会令人变得懈怠。目标既不能定在舒适区，也不能定在恐慌区，目标定得太高，实现难度太大，总是实现不了，也很难收获成长，反倒会产生挫败感。因此说，目标只有处在学习区里效果才是最好的。

3. 你的目标要能够激发你的内在动力

好的成长目标应该能够唤起你的激情，让其成为你行动的动力，而不是负担。制订的成长目标让你产生了内在动力，甚至对其有了使命感，你就会投入百分百的精力，而且能够持续地坚持下去，实现目标的概率也会大大增加。

事实上，只有在认知上真正想成长的人，其所制订的成长目标才会激发自己的内在动力，他一定是主动地求变，而不是被迫的。一个不想改变和成长的人，就如同是一个装睡的人，你永远都无法叫醒他。制订激发内在动力的目标，需要深入挖掘自己的内在动机，找到自己的兴奋点和兴趣点，这样的成长目标在遇到困难时，才不会缺乏继续下去的动力。许多人在制订成长目标时都不是打心底里想去改变自己，这样的目标就缺乏内在动力的支撑，遇到一点困难，或者时间一长感到疲惫乏味的时候，就很容易放弃。

任何一个处在学习区有一定挑战性的目标，都不是轻易就能实现的，甚至对你的生活方式都要有所改变，如果没有强烈的想成长的企图心，就不会有长久的动力。为什么那么多人在减肥、写作和跑步锻炼方面坚持不下去，说到底还是没有触发到自己的内在动力。制订能够激发你内在动力的目标，实现的可能性就会更高。

4. 你的目标要与你的价值观一致

为什么制订成长目标还要与价值观一致呢？高效能专家迈克尔·海亚特在其《规划最好的一年》一书中写道："当一个目标符合你的人生阶段和价值观，具有内部一致性时，成功的机会就大大增加。"价值观是价值和是非判断的标准，是价值取向，当你制订的成长目标违背你的价值观的时候，就会内外不一，很难最终实现。

在生活中，有时候制订目标是因为来自外界的压力或是在意别人的看法，而目标却与自己的价值观不符。这样的目标执行起来就会特别别扭，其结果自然好不到哪去。其实，生活中有许多这样的例子，如有的人为了财富目标而不惜违背自己的价值观去不择手段地获取。所以说，好的成长目标一定要与自己的价值理念、个人理想相一致，这样才能促进目标的最终实现。

5. 多个目标之间要相互协同才更有效

有的时候，我们制订的年度成长目标往往不是只有一个，而是两到三个，甚至会更多。在制订多个目标时最好能够做到目标之间的协同，要是能够形成一个正反馈循环的系统就更好了，相互促进、相互加强，特别有利于多个目标的实现。

比如，你的新年目标是提升写作能力，每周写一篇 2000 字左右的文章，一年写 50 篇。对于这个成长目标，你还可以制订读书目标和线上学习目标，一年阅读 50 本职场及成长类的相关书籍，每周学习一课时线上视频或音频相关课程，甚至还可以制订每周进行 3 ～ 4 次的身体锻炼目标。

这些目标相互协同，阅读书籍和线上学习可以增加写作的素材，锻炼身体则能够保持足够的精力去学习和写作。写作反过来也能激发你的阅读和线上学习需求和动力。这样多个目标的协同就会有利于目标的实现和自我的成长，其效果比制订单个目标更好。

一个有意义的成长目标必须能够提升自己、改变自己，而如何让制订的目标更有效，上述五点建议希望能够对大家有所帮助。记住，新生活是从选定方向和目标开始的！

第七章

成长的时间管理思维

无论你是创业还是在职场中打拼，都躲不开时间管理的问题，为什么要进行时间管理？说到底，是因为有限的时间与人的无限欲望和选择之间存在巨大的矛盾。如何更好地管理自己的时间，就要从时间管理的本质和底层认知入手。可以说，一个人成长的效率高不高与其时间管理的好不好有直接关系，高效的时间管理才能成就高效成长的人生。

第一节　时间管理的本质

一、时间管理的本质到底是什么

不知道大家有没有发现，无论是线上还是线下，关于时间管理的课程培训及文章非常多，而且这类课程也非常受欢迎。生活在繁华的都市里，除了紧张、忙碌的工作外，还要在业余时间里多学习些技能和知识。而那些结了婚的职场人还要照顾家庭和孩子，很多人整天忙得不可开交。这也就是为什么时间管理对大家那么重要的原因。毕竟生活节奏越来越快，竞争也越来越激烈，每个人的时间都好像不够用了。

相信大家对时间管理这个概念并不陌生，很多人也都在使用各种各样的时间管理工具和方法管理着自己的时间。但是，我想问一下，大家有没有想过时间管理的本质到底是什么呢？有的人说，时间管理不就是为了提高工作和生活的效率，在同样的时间里能够做更多的事儿吗？也有人说，时间管理的本质和核心是自我规划和自我管理。这些说法我也非常认同，但是还没有触达本质层面，那时间管理的本质是什么呢？

我认为，时间管理的本质是价值选择。为什么这么说呢？因为我们每个人的生命都是有限的，每天所拥有的时间也是有限的。但是你想做的事情相对来说有很多。比如，下班后你可以直接回家休息，也可以去商场逛逛，还可以去看看电影或约个朋友坐会儿，去参加个线下课程充充电……这些选择之间必然会有矛盾。

但是下班后的时间就那么多，你不可能同时做很多事。这时候你面临的问题就是以有限的时间去面对无限的选择问题，事实上，也就是遇到了时间管理的问题。你会发现，这时候时间管理的核心不是你如何把那些可选的事情都做了，而是选择你认为对自己更重要的事情去做，也许是一件事，也许做两件你认为更重要的事情。而你选择了那些更重要的事情去做其实就是认为它们对你的价值更大。所以，我认为时间管理的本质其实是一个人对价值的选择。

综观人的一生，每一个人都是在有限的生命里不断地做着各种自认为更有价值的事情，这些有价值的事情的累加，就构成了你的人生历程及最终实现的人生高度。

二、时间管理的目标是价值最大化

时间管理的本质是价值选择，那么，我们进行时间管理的目的或是目标就应该是实现价值最大化。这里的价值最大化对于每个人是不同的，并没有一个统一的价值标准。因为每个人的价值观有所不同，你认为重要的事，别人可能认为并不重要。

我们还拿下班后的价值选择来说，面对那么多的选项，有着不同的价值观的人就会进行不同的选择。有的人认为下班后“充充电”更有价值，人应该不断地学习和成长，那么他就会选择去学习。而有的人认为下班后就应该去享受，去逛逛街、看个电影更有价值，那是因为他的价值观中认为不能老是学习和工作，不能亏待了自己，要多享受生活。其实，每一个选择都没有对和错之分，只因每个人的价值观不同，衡量价值的标准不同。也正是因为每个人不同的价值观带来的价值选择不同，才会使每个人的人生都不一样。

那么，时间管理的意义在哪里呢？就是帮你实现自我价值的最大化。这个最大化的前提是你得有自己的价值定位和价值方向。比如，你是一个中医，你的价值定位是传承和发扬中国的中医思想和医术，那么，你的时间管理就应该是围绕这个领域里的价值定位做更多有价值的事情。如果你的价值定位或目标是能够帮助更多的人成长和发展，那么，在同样的时间多做与其相关的事情就是实现价值最大化。相反，如果一个人没有任何价值定位的领域或方向、目标，就会整天不知道做什么，毫无目的地瞎忙，其人生也只会浑浑噩噩，什么事也做不成。

无论你是做什么工作的，你在哪个领域里发展，都应该有自己的人生梦想和价值定位。就像周星驰说的那句话一样："做人如果没有梦想，那跟咸鱼有什么区别呢！"人一旦有了价值定位和目标，那么，时间管理的意义就是通过价值选择去实现人生价值的最大化。

三、如何更好地进行时间管理

说完了时间管理的本质和目标，我们接下来探讨如何更好地进行时间管理。

1. 时间管理就是进行价值取舍

忙碌的人总是有很多事情要做，总是忙不过来，这时候我们就要对所做的事情选项进行价值取舍。方法就是在同样的时间内，如果只能做同样件数的事情，比如一天当中你只能做五件事，那么你就要根据你的价值标准在众多的事情中去选择你认为最有价值的五件事。

我们继续拿下班后的选择来说，如果你认为成长更重要，那么与学习和充电有关的事就是最有价值的事。而有的人认为家庭更重要，那么回家陪陪父母和孩子，就是下班后最有价值的事情。这时候你就要做出取舍。

怎么取舍呢？就是从自己的价值标准出发，在几件事情中做出价值排序，看看哪个是对你最有价值的事情。当然，这个最有价值的事既要结合其当下的价值，也要结合其长远的价值。比如，家里没米了，你需要去超市买米，得占用你半个小时的时间，你不能说为了看书学习而不去做买米的事儿。毕竟从当下的角度看，家人吃饭填饱肚子更重要。你完全可以用刷手机和玩游戏的时间去买米，这同样是价值选择和排序。

2. 时间管理不能忽略那些具有长远价值的事情

我们做价值取舍的时候，既要做好那些当下价值更大且紧急的事情，也要重视那些价值更大且不紧急的事情。在生活中，对于前者，大部分人往往都能做得很好，但是对于后者，即那些有价值但不紧急的事情往往容易忽略，如锻炼身体、读书学习、多陪陪孩子和父母等这类对你最有价值且不紧急的事情。因此，更好地进行时间管理需要有长远的视野，要从长远价值的视角看问题。这也提醒我们不能只顾着应对当下有价值的事情，必须把我们的视野放得更长远，从成长的价值目标及人生目标的角度对当下的事情进行时间管理。这样你的价值选择和取舍才能确保最大化地实现你的人生价值。只顾眼前，就会忽略未来。比如，你平时在工作和生活中的事情特别多，占用了你大部分时间，你很容易在时间管理和价值选择的时候只局限在当下这些事情上，而没有将具有长远价值的事情考虑在内一起进行价值选择，解决了当下的价值选择，却忽略了长远的价值选择，其结果就是没有实现长远的价值最大化。因此在进行管理的时候，既要考虑当下的价值，也要考虑长远的价值，这样才能更加均衡，也更容易使人生价值最大化。

3. 将主要时间和精力放在更有价值的事情上

对一个管理者来说，并不是什么事都要自己做，什么事都要亲力亲为，而是懂得授权和外包，按照“二八法则”，我们要将精力放在做最重要的 20% 的事情上，这样才是价值最大化。反倒是什么都做，忙个半死，最后还不见得能够实现价值最大化。

对于普通人来说也是一样，在生活或工作中能够通过购买别人的时间为你完成一些事情，让你能够腾出时间去做更有价值的事情，才是更高效的时间管理。比如，你的车该年检了，一般办理下来需要排半天甚至一天的队，这时候你就可以花两三百元让那些专门替别人办年检的人去办理，你就可以腾出时间去做更有价值的事情。生活中，通过购买别人的时间来节约自己时间的事情非常多，当然也要考量购买成本问题，这仍然是价值选择问题。当你认为付出的金钱成本低于你获得的时间价值，购买他人的时间就是值得的。

仔细想想，创业当老板这件事也是通过购买他人的时间来实现自己创造财富和人生价值最大化的方式。你有一个好项目能够为社会创造价值，如果只是你自己做，即使日夜不停地做，也赶不上你雇佣十几个人同时为你工作创造出来的价值大。记住，学会购买别人的时间也是一种时间管理的重要方法。

从价值选择的角度来说，需要时间管理的不只是那些整天忙碌的人，那些每天事情很少，或者没什么事情可做的人同样也需要。因为我们每个人都需要成长，都需要使自己的人生价值最大化，毕竟谁都不愿意选择浑浑噩噩地过一生。可以说，人人都需要时间管理，也都离不开时间管理。

需要强调的是，在同样的时间内不是做的事情越多，就代表时间管理得越好，如果你做的大部分都是没有价值的事情，高效地瞎忙也不是好的时间管理。只有你做的事情给自己或他人带来了最大的价值，即使做的事情较少，那也是高效的时间管理。

一个人的人生价值最大化不只来自工作上，还可能包括家庭和亲人、健康和心灵等，因此我们要在众多价值中去平衡、去审视，思考在不同的阶段到底什么对你而言才是最重要的事情。总之，时间管理就是一个人进行价值选择的过程。

第二节　什么是成功的时间管理

在上一节，我们分析了时间管理的本质，本节我们来说说什么是成功的时间管理，以及如何有效管理时间。

一、学习了时间管理，却更忙碌了

我们为什么要进行时间管理？许多人都会不假思索地回答，是为了提高效率。这样的回答的确没错，时间管理的确能够提高效率，能够让你在同样的时间里做更多的事。以前，你能够在 8 个小时里做 10 件事，通过时间管理，你在同样的时间里能够做 15 件事，的确是提高了效率。但你有没有发现，在同样的时间内做了更多的事，等于你变得更忙了。在生活中，许多人都是从早忙到晚，即使学习了时间管理、提高了效率，还是一样的忙碌，甚至比以前更忙了。

这时候我们就要问，时间管理的目的到底是什么？是让自己能够做更多的事，变得更忙了，还是让自己做更少的事，变得有空闲时间了。我想说，成功的时间管理不是让自己变得更忙，而是变得有闲才对。

二、真正的时间管理是让你变得不忙

高效的时间管理不是一天能做 100 件事，而是只做几件事却能够达到同样的效果。我们发现，那些真正的时间管理高手并不是整天忙忙碌碌的，虽然做了很多事，却忙得要死，累得要死。而是每天非常高效，而且还有时间上的富余，能够得到比较充裕的休息。事实上，只有劳逸结合的人才能更高效。

为什么这么说呢？

大家都知道忙字是由一个“心”和“亡”字组成，心亡是忙，太过忙碌，心就不会得到休息，就没有时间静下心来调整自己的状态和心态。人不是机器，而是鲜活的生命，我们的大脑和心同样需要休息，需要定期保养、加油才能保持高效的状态。而那些整天忙忙碌碌的人很少停下来放空大脑，偶尔发发呆，做一些运动，一味地忙碌只会让自己变得更累、更低效。

有研究显示，经常做一些冥想，放空一下大脑，不仅可以让人缓解焦虑，改善人的情绪，还能够增强人的自控力和免疫力，让人变得更健康、更快乐。

时间管理的意义不是让自己变得更忙碌，而是能够有余闲，懂休息，劳逸结合，变得不忙才是最重要的。

三、如何成为一个高效且不忙的人

根据一个人的高效与低效、忙与不忙可以组成四个区域，从这四个区域能够看出不同的人的生活和工作状态，如图 7-2-1 所示。

忙	低效且很忙	高效且很忙
不忙	低效且不忙	高效且不忙
	低效	高效

图 7-2-1　效率与忙碌状态的四种组合

第一种状态：高效且很忙。这样的人在生活中比较多，尤其是那些职场中的精英，他们能够通过时间管理保持很高的效率，但是同时也十分忙碌，高效下的忙碌显得很累，缺少有效的休息。这种状态并不是最好的，应该在高效忙碌中减少一些事项，留下一些余闲时间，让自己多休息。

第二种状态：低效且很忙。这种人也不少，由于做事效率比较低，同样的时间别人能做 10 件事，他们只能做 5 件事，从而导致整天忙忙碌碌，总是有处理不完的事情。针对这样的情况，最好的解决办法就是提高自身的效率，从低效的忙碌中解脱出来。

第三种状态：低效且不忙。具有这样状态的人其实就是没什么事可做，而且效率还低。长期处于这样状态的人很难有大的发展，整天无所事事，浪费了大量宝贵的时间。他们最需要的就是建立自己的成长目标，做一些真正对自己成长有价值的事情，让自己变得更忙些。

第四种状态：高效且不忙。这是许多人都追求的生活和工作状态，也是一个比较理想的状态。这样的状态不是比谁在同样的时间内做的事情更多，而是在同样的时间内做的事情更少，但是取得的效果一样甚至更好。这样，能够给自己留出时间上的富余，不仅能够让大脑得到足够休息，还能够做一些自己感兴趣的事。成功的时间管理就应该让自己成为一个高效且不忙的人。

那么，如何才能达到高效且不忙的状态呢？

1. 抓住主要矛盾

管理时间不是做的事越多越好，而是懂得抓住事物的主要矛盾，也就是前文我们所说的价值选择。尤其是对于一个领导者来说，要懂得抓重点去管理，而不是什么事都自己管。学会放权，只管理关键的几个管理人员就可以了，而不是事无巨细都自己做，那样的话再高效的时间管理也只会让自己更忙。当有 100 件事摆在你面前的时候，你想的不应该是自己如何高效地一一完成，而是想哪些必须自己完成，哪些可以通过别人完成，抓住重要且紧急的事自己做，将自己的精力放在主要事情上，而不是放在所有事情上。成功的时间管理是尽量让事变少，让自己的时间有所富余。

2. 在高效、专注的时间段处理最重要的事

想让自己的时间产生富余，就要充分利用好自己最高效和专注的时间段。在这样的时间段处理最重要的事情才最高效，这样就能够多出一些休息的时间。人一天的精力和能量都是有限的，要想恢复能量和精力就得有充足的休息，不然，时间久了健康就容易出问题。因此，在最专注和高效的时间段多处理一些事，就能够为自己节省出补充能量的休息时间。

3. 人生需要建立余闲

人生就像在高速路上狂奔的汽车，你总得时不时地停下来在服务区休息休息、加加油，而不是一直在路上跑。停下来休息不是放弃前进，而是为了更好地前进。我们的生活也是一样，既要有灯光下努力拼搏的身影，也要有闲暇时沐浴阳光的午后。人的认知或境界的升华往往不是在忙碌中发生的，而是在忙碌后休息时感悟到的。拥有高效且不忙的生活才是成功的时间管理。

第三节　不要忽略那些重要但不紧急的事

一、那些重要但不紧急的事经常被忽视

在个人时间管理方面，管理学大师史蒂芬·柯维根据重要性和紧迫度两个维度，将个人的事务划分成了重要且紧急、重要但不紧急、紧急但不重要和既不紧急也不重要四个象限[①]，如图 7-3-1 所示。我们可以根据这个管理法对个人的时间进行管理。

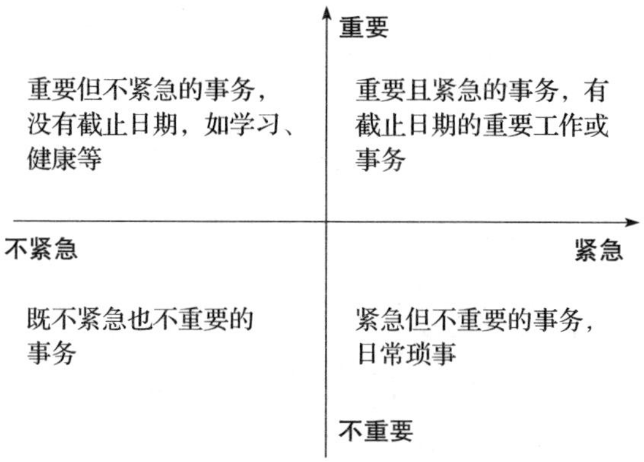

图 7-3-1　史蒂芬·柯维的时间管理“四象限法则”

我们在使用这个时间管理方法的时候发现，那些忙碌的人会将大部分时间用在既紧急又重要的事务上，这样的事务往往截止日期非常明确，必须在截止日期前奋力赶工。

紧急但不重要的事务往往指那些临近截止日期的日常琐事，也会花去我们一部分时间去处理。

而对于那些既不紧急也不重要的事务，我们基本上不会花费时间去处理。

但是那些重要但不紧急的事务，当我们忙碌起来的时候往往最容易被忽略。这样的事务包括工作之外的读书学习、运动、亲子教育、储蓄理财、陪伴父母等。这样的事务重要吗？的确对每个人或家庭都非常重要，但是这些

---

① 史蒂芬·柯维. 高效能人士的七个习惯［M］. 高新勇，王亦兵，葛雪蕾，译. 北京：中国青年出版社，2020.

事紧急吗？确实不着急，今天做也行，明天开始也不晚，大后天做好像也不会耽误什么。就这样，我们一推再推，越是繁忙的人，越容易忽略这些重要但并不紧急的事务，也就是永远都在往后推。

在生活和工作中，我们经常毫无察觉地陷入这种短视行为。比如，明明很重要的事，但是由于时间上不着急，总被我们一推再推，总觉着时间还多，不着急。读书学习这件事对于很多人来说就是如此，明明知道很重要，一旦面对生活和工作的忙碌，就会给自己足够多的理由，导致没有时间读书。大家都知道，读书学习不仅有利于工作，而且对于个人成长更是百利而无一害，是人生最重要的投资。许多人明明知道这个道理，却总腾不出时间来做。这让我想起了那句话，“知道这么多道理依然过不好这一生”。

二、重要但不紧急的事为什么容易被忽略

为什么我们总是容易忽略那些重要但不紧急的事呢？

塞德希尔·穆来纳森和埃尔德·沙菲尔合著的《稀缺》一书，从更深层次给我们做出了科学的解释。作者认为，稀缺是拥有少于需要的感觉，当我们经历任何一种形式的稀缺时，都会对稀缺的事物全神贯注。我们的思想会自动而强有力地转向未得到满足的需要。当我们面临稀缺时，就会产生稀缺心态，产生稀缺心态就会改变我们的思维方式，进而影响我们的决策和行为方式。这也就导致了书中提到的“管窥之见”，即专注于某一事物就意味着我们会忽略其他事物，也叫“隧道视野”。我们太过专注的时候，那些存在“管子”视野之外的事物就被抑制和忽略了[①]。

我们的心智容量是有限的，如果把这个叫“带宽”的话，稀缺会降低所有这些带宽的容量，致使我们缺乏洞察力和前瞻性，还会减弱我们的执行控制力。事实上，稀缺对人类大脑产生的影响存在于潜意识之中，无论大脑的主人是否愿意，稀缺都会牢牢地俘获他的注意力。这就是为什么那些忙碌的

---

① 塞德希尔·穆来纳森，埃尔德·沙菲尔．稀缺［M］．魏薇，龙志勇，译．杭州：浙江人民出版社，2018.

人总是在“救火”，结果变得更加忙碌。

稀缺导致的短视行为其实对我们的影响非常大，我们总会把重要但不紧急的事情一拖再拖，如前文所说的学习和运动等。又如，储蓄理财对于穷人改变生活非常重要，很多人都知道复利的作用，知道储蓄的重要，但是在金钱稀缺的心态影响下，却总是更多地顾着眼前，不为未来多着想一点。我们总是在重要且紧急和紧急但不重要的事务上投入了太多的精力，导致很多重要但不紧急的事务永远往后推。

稀缺心态造成的“管窥之见”使那些忙碌的人无暇顾及重要但不紧急的事务，这是最重要的一个原因。除了这个原因之外，我们发现那些重要但不紧急的事务还有一些特征，也是造成我们容易忽视它的原因。

一是没有明确的时间限制。不紧急的那些重要事务往往没有明确的时间限制。既然没有明确的时间限制，那么就意味着什么时候做都可以，也就给了自己推延的理由和借口。为什么公司交给你的重要事务你能够去做呢？因为公司交给你的每一个重要事情都是有截止日期的，并且这个日期十分明确，像业绩考核、销量的提升、年终总结报告等都是有时间期限的。在这个时间期限内，你必须完成这些事情。而锻炼身体就不一样了，今天锻炼也行，明天也不晚，实在不行就明年再说，许多人开始锻炼身体还是因为身体出了问题才开始的。

二是没有监督和检查。那些对于我们来说重要但不紧急的事务还有一个特征，就是我们对这些事往往不会进行监督和检查。比如读书学习，没人管你看不看书，看到什么程度，全靠自律。当然，锻炼身体、储蓄等其他重要的事也是如此，不会有人监督和检查。对于一件事情来说，凡是没有监督和检查，我们就容易拖延。

三是没有惩罚。没有惩罚就不会着急，也不会有压力，自然就容易被忽视。为什么公司交给你的重要的事情就能够完成呢？因为这些事不仅有明确的时间限制，还有监督检查，经理经常会问进度，每天还要开早会汇报情况。更重要的是，如果你完不成还会有惩罚。业绩完不成会扣奖金，项目推进不利可能丢掉职务，总完不成公司交代的事务，公司可以直接辞退你。所以，你会将那些重要但紧急的事做好。

三、五大应对措施

分析完重要但不紧急的事容易被忽略的原因，接下来更重要的是，我们该如何有效地应对，让自己不再忽视那些事务。

1. 让大脑留出余闲

对于那些由于稀缺心态造成的短视行为，《稀缺》的作者也给出了应对方案。我们要明白的一点是，稀缺的本质是什么？作者指出，稀缺的本质就是没有余闲。就是说，我们要留出一定的余闲来应对稀缺，要在富足与“带宽”充裕时开始行动。例如，在安排各种事务时，我们一定要为重要但不紧急的事留有一定的时间富余，不能把全部时间都用于忙碌其他事情。也就是要将“管子”视野之外的重要事务拉到“管子”中，这样就会减少稀缺的影响，进而会让我们思考和重视那些重要但不紧急的事。

2. 设定期限，将长期目标分解

我们要将那些没有时间限制的重要的事变成有时间限制的事，为其设定期限，将其分解，设立阶段性目标。如读书学习是一辈子的事，没什么时间限制，那么，我们可以将其分解成年度学习目标，每年阅读多少本书，在规定的时间期限内必须完成。

日本马拉松选手山田本一是一个名不见经传的选手，但他在 1984 年东京国际马拉松邀请赛上出人意料地夺得了世界冠军，之后又在意大利米兰国际马拉松邀请赛中获得冠军。当记者问他为什么能取得如此突出的成绩时，他总是说“用智慧战胜对手”，而大家却不得其解。后来，人们在他的自传中才解开了所谓“智慧”的谜底。原来，他在每次比赛之前都要乘车把比赛的线路仔细地看一遍，并把沿途醒目的标志物画下来，如银行、大树、红房子等，一直画到终点。一旦比赛开始后，他就会向一个个的标志物冲刺，40 多公里的赛程就被分解成多个小目标跑完了。他说，如果不将赛程分解，只把终点作为目标，他可能跑十几公里就疲惫不堪了，容易被漫长的路程给吓到。

其实，在现实生活中又何尝不是如此呢？那些重要但不紧急的事之所以会半途而废或不断往后拖延，往往不是因为难度较大，而是我们觉得成功和目标离自己较远。如果先将长期目标一点点分解，虽然每次得到的只是微不足道的一点点进步，但一次又一次的积累，最终总会获取圆满的成功，达成长期的目标。

3. 创造有效的监督环境

当你想做一件重要但不紧急的事时，学会给自己创造有效的监督环境，能够定期提醒你坚持做下去。许多人都有拖延症问题，因此单靠自律有时候不会太有效。

我们经常用的一种有效的监督措施是“公众承诺”，即在公众面前大胆讲出自己的目标，如减肥、读书等，然后可以让大家监督完成的状况，逼迫自己全力以赴兑现承诺。一个做演讲和声音培训的讲师就经常使用公众承诺的方法，让大家监督他。他每天都在微信朋友圈发自己的进度和完成状况，包括每天阅读 10 页书、跑 5 公里等，如果有哪一天没有完成，大家指出后会奖励 200 元。这样的措施对他产生了很好的效果，他即使工作再忙也没有忽略那些重要但不紧急的事。

还有一个可以促进监督的措施是成立互助或交流小组，定期举办线上线下交流，互相监督、互相进步。如现在流行的各种读书会活动就起到了互助进步、互相监督的作用，如果单靠自己可能坚持的时间不会太长。

4. 设立让你感到痛的惩罚举措

监督和检查是重要的一步，但是有惩罚措施效果才能更好。我们要记住：惩罚措施要让你感到痛才有效。就像上文提到的那个培训讲师一样，除了做出公众承诺外，还加上了惩罚措施，如果哪一天没有完成就给第一个揭发的人 200 元奖励。在他执行的过程中，的确出现了一两次没有完成的情况，结果他真的兑现了奖励，同时也提醒了自己，后面的完成效果就很好。

如果惩罚措施不痛不痒，你就会无所谓。这和公司的制度是一样的道理。一家公司如果怎么都解决不了员工迟到的问题，可能就是因为惩罚力度太小，起不到作用，员工感到无所谓。如果公司规定一个月迟到三次就直接辞退，可能立马就不会有人迟到了。

5. 学会奖励自己

当然，完不成要有惩罚，完成了也要有奖励，只有定期给予自己奖励才能增加自己的动力。做那些读书、运动等重要但不紧急的事时，要学会在执行的过程中阶段性地奖励和犒劳自己。有研究表明，从健康心理学的角度来看，正向驱动会带来更好、更长久的激励效果。生活应该充满乐趣，每当取得阶段性成绩的时候就应该奖励自己，如去一个自己早就想去的地方旅游一次，或者是吃一顿大餐，也可以是给自己买一个喜欢的礼物等。有时候奖励不在大小，关键是自己喜欢。

四、认知的改变是根本

说了那么多应对措施，其实根本还在于你对那些重要但不紧急的事的重要性认知不足。只有从根本上认识到这件事对你的意义和价值，你才会主动采取行动，而不是时常忽略。

最终的自驱力来自你的认知和内心，而不是外在因素。当你的自驱力和欲望很强，即使工作和生活再忙碌，你也会将其拉入自己的视野管道中，挤时间去做。深刻的认知产生强大的自驱力，强大的自驱力就是强大的自控力。

俗话说得好："人无远虑，必有近忧。"因此，我们既要专注当下，又要考虑长远。

第四节　给自己的时间定个价

一、你的时间值多少钱

时间这个东西就像兜里揣着的现金，总是那么不经花。现金越多的时候我们越容易大手大脚地花，不去珍惜和打理，等到花得差不多了，才知道其越发宝贵，越懂得珍惜。每个人的时间都是有限的，你一辈子能够取得多大的收益，取决于你的总投入时间数乘以单位时间的价格。当然，这里的收益是从一个人创造的财富和收入角度来讲的。

说到单位时间的价格，不知道你有没有想过这个问题：你的时间值多少钱？你工作一个小时的收入是多少？在这里，我们可以用时薪来给你的时间定个价。假设月收入是 7200 元，那么一个小时的收入就是 10 元；如果月收入是 14400 元，每小时的价格就是 20 元。这里为什么用 24 小时来计算呢，因为一个人的总收入可能不只是工资收入，还包括工作之外赚得的其他收入，并不是每个人的收入都是在工作的 8 小时内创造的，而且你业余时间的学习和努力也能够间接创造收入。

每个人的月收入不同，其单位小时的价格就不同，有的人一个小时的价格可能不足 5 元，而有的人一个小时的价格是 100 元。有人根据 2018 年福布斯富豪榜的身价计算过马云的单位时间收入，每分钟大概能赚 2.7 万元，每小时就是 16.2 万元。看到这个数字，不免让人想起了那句话："真是人比人气死人啊。"

每个人单位时间的价格是在不断变化的，可能有的人的时间价格会越来越贵，有的人的时间价格却一辈子都变化不大，还有的人的时间价格到了一定年限就会下降。有的人的时间价格变化近似向上倾斜的线性变化，如教师等收入稳定的群体。有的人的时间价格可能是非线性增长，甚至是指数级变化，如那些创业的人，或是某一个领域的专家。其实，简单地算一算你就能知道自己的时间大概值多少钱了。

知道自己的付出在单位时间内值多少钱有什么用吗？下面我们就来看看为什么我们要给自己的时间定个价？

二、为什么我们要给时间定个价

1. 有利于做出更优选择，更好地管理时间

事实上，我们每个人在日常生活中对时间的管理总是不那么清晰，在做什么和不做什么的选择上也不够理性，不够优化。举个简单的例子大家就明白了，有的人会为了节省两三元钱而愿意花一个小时去各大购物网站一一比

价。当然，如果你每小时就值两三元钱倒也无所谓，但是我相信大多数人的时间价格都会比这更高。

这就是选择的问题，当你没有一个时间价格的标准，你就不知道自己是在浪费时间和降低收益。而知道自己单位时间值多少钱，你就可以做出更优选择，如购物时不去比价，多花两元钱在 10 分钟内搞定，节约出来的时间用来学习点知识或做点其他更有价值的事情就是更优的选择。

这样的选择越多就会让你的时间越来越有价值，也会让你的单位时间价值逐步增长，最终使你的总收益增大。大家千万别小瞧这一次次、一点点的更优选择，如果你每天都能比别人多做一点更有价值的事情，5 年后乃至 10 年后所产生的总收益差距将是惊人的。

时间的管理就是选择与取舍的问题，如果想让时间更值钱，你就不会去打游戏、刷手机，而是会去做那些让你的时间更值钱、更增值的事情。其实，一个人这一辈子能够取得多大的成就，就在于你一次次的选择与取舍。每次的选择与取舍是朝着更优的方向，还是更差的方向，将在未来使你产生不同的人生轨迹。

2. 购买别人的时间是一种更聪明的选择

既然我们知道了自己单位时间的价格，那么有些事情我们就可以通过购买别人的时间来完成，这是一种更优和更聪明的选择，能够让你的时间发挥更大的价值，进而能够增加你的总收益。假如你是一个职场精英，每小时的收入为 50 元。早上到公司后想喝咖啡，如果自己去买，来回路上要花半个小时，而多花 5 元让别人给你配送过来，你就可以多节省出半小时，而这半小时对于你来说可是值 25 元，算下来你等于是多赚了 20 元的收益。

根据自己的时间价值来衡量哪些事自己做、哪些事可以外包，就是一种效益更优的选择。其实在日常生活中，有很多事情可以通过购买别人的时间来完成，虽然表面上多花了钱，但是节省出来的时间对于你来说更值钱。当你明白了这个道理，相信你就不会为省几元打车钱花半小时步行了。只有当你的时间不值钱的时候，你才会愿意为省钱而花时间去排队。所以，能用钱换时间的时候尽量用钱换时间，将省下来的时间全都“投资”到更有价值的事情上，这才是更聪明的选择，也是对自己时间更加优化的利用。

3. 时间越值钱的人越懂得投资自己

我们发现那些时间越值钱的人越懂得珍惜时间，他们在忙碌中总是在为所做的事情进行时间价值排序，哪些可以自己做，哪些需要外包出去做，这也就是为什么有的人要雇司机和秘书了。当自己的时间更加值钱后，购买别人的时间就成了更加划算的交易。

那么，如何让自己的时间更值钱呢？其中一个方法就是区分你花的时间是用于消费还是投资了。用于消费的时间包括打游戏、追剧、排队、刷手机等，用于投资的时间如看书学习、运动、写作，和比自己厉害的人交流等。当你把工作之外的闲暇时间用于投资自己，那么你的时间价值就会越来越高，就会变得越来越值钱。相反，当你将工作之外的闲暇时间全部用于消费，你的时间价值就会增长缓慢或不增长。

有句话说得好："一个人的成就在于八小时之外在干什么。"你的时间是用于投资自己还是消费，就决定了其是否能够不断升值还是贬值，而投资学习和成长是使其变得更值钱的最好方法之一。

三、管理时间就是管理财富

我们常说：时间就是财富，效率就是生命。管理时间好比理财，如何使人生的收益值最大、效率值最高，不妨先从"给自己的时间定个价"开始。虽然有的人不免会说，人生不必算得那么细，但是让自己的时间变得更值钱、多做一些更有价值的事情总不会错。

当你开始珍惜自己的时间，并将其用在更有价值的事物上的时候，你的时间就开始变得值钱了。你的时间有多值钱，你就多么懂得珍惜时间，你的人生就有多成功。一个能够掌控时间的人，才能够掌控自己的人生。

PART THREE

| 第三部分 |

3 成长干法篇：行动思维

既然有了对成长认知思维的改变，也掌握了成长的策略思维，最后一步就是行动了，也就是第三部分要介绍的成长干法篇——行动思维。

我们知道，有再大的梦想、再好的策略，如果不去行动和实干，终究还是无法实现，就像南宋大诗人陆游所说：“纸上得来终觉浅，绝知此事要躬行。”心学大师王阳明也强调“知”和“行”要合一，成长就是知行合一的过程。

第八章

成长的思考力

成长的行动思维就是讲“干”和“执行”，但是在“干”和“执行”之前最重要的是要学会思考，尤其是深度思考，这样才能干得更有效率，执行得更到位，思考质量决定行动效果，因此，本章我们重点介绍成长的思考力。

第一节　掌握知识的关键在于思考

一、如何分配读书和思考的时间比例

近年来，随着智能手机的普及，我们可以在任何一种场景中学习。跑步的时候可以听书，坐公交和地铁的时候也可以听书，甚至连吃饭的时候都可以看视频学习。许多人都在充分利用各种碎片化时间学习各种知识。

看书和学习的人越来越多是好现象，但是很多人喜欢看书，看的时间也不少，但用在思考上的时间并不多。于是时间一长，大部分看过的知识基本都忘记了。

成甲在《好好思考》一书中就讨论了这种现象，他写道：“读书不一定都要花时间在‘读’上，如果你想要掌握知识，那你最应该花时间的地方是‘思考’和‘练习’，而非‘阅读’。”关于读书的时间分配，他给出的建议是：用 20% 的时间阅读，80% 的时间来思考[①]。

① 成甲. 好好思考［M］. 北京：北京联合出版公司，2019.

这和很多人之前的看书习惯完全不同，很多人基本上是用超过 90% 的时间阅读，用于思考的时间其实连 10% 都不到。这样就会导致虽然你读了很多书，看了很多知识，但是你仍然不会用，没有内化成为自己的知识。孔子说过：“学而不思则罔。”意思就是：一味地读书而不去思考，就会因为不能深刻理解书本知识的意义而不能合理、有效利用书本的知识，甚至会陷入迷茫。

对于大多数人来说，读书的习惯好养成，思考的习惯却不那么容易养成，生活中那些真正厉害的人往往是思考能力强的人，而不见得是读书最多的人。

二、为什么能看书，却不爱多思考

“懒惰”是大脑的天性。我们总是过高估计大脑的勤奋程度，认为大脑总能够高效执行和理性思考，然而实际上却并非如此！我们的大脑其实非常懒惰。日本的神经外科医生菅原道仁在其《超级大脑的七个习惯》一书中就说：“大脑偏爱固定的自动化处理模式，倾向于避开全新的挑战或不熟悉的事物，一有机会就钻空子偷懒。”①

为什么大脑那么喜欢偷懒呢？其中一个重要的原因在于大脑是个“高耗能”的家伙。有研究数据显示，占人体体重只有 2% 的大脑，却消耗了人体一日所需能量的 20%。事实上，其消耗的能量远超人体其他器官。因此说，大脑喜欢自动化、程序化地处理事情，怎么简单怎么来，喜欢节约能量。从生物学的角度看，任何生物都希望避免处于消耗能量的状态，希望通过节约能量的模式来进行自我保护，这就是大脑的天性。

对比阅读和思考两者之间的大脑能耗，很明显，思考是更费脑的，消耗的能量远大于阅读。这就是为什么我们能看得下去书，却不爱多思考的原因。

在读书的时候能够进行深入思考的人很少，普遍的现象是读书的时间远

① 菅原道仁. 超级大脑的七个习惯［M］. 吴梦怡，译. 北京：中国友谊出版公司，2019.

大于思考的时间。尤其是读那些不费脑子的带有故事情节的书，就更少使用大脑思考了，如一些网络小说之类的。然而，对于想真正掌握知识的人来说，这样的时间分配是弄反了，我们应该把更多的时间用在思考上，因为掌握知识的关键在于思考和练习，而不是简单地阅读。

三、掌握知识的关键在于思考和练习

1. 思考是掌握知识的关键一步

要想将看过的知识变成自己的，必须经过对知识的思考、加工、使用和内化的过程，思考其实是非常重要的一步。看过了而不去思考，不去举一反三，不去练习和使用，并不能将知识真正变成自己的，尤其是那些重要的底层知识和原理，不经过思考加工和内化，你最多只是记住了，而不能称得上是真正掌握了。

2. 好的阅读习惯容易养成，好的思考的习惯却不容易养成

以我自己为例，爱看书的习惯我已经形成好多年了，但说实话，直到这两年才渐渐地增加了思考的时间比重，减少一部分阅读时间。久而久之，我渐渐地形成了爱思考的习惯，虽然还没有达到将 80% 的时间用于思考，但是远比以前多得多。

以前学习到一个新知识的第一想法就是记住就行了，基本道理也懂，但是并没有去思考这个知识怎么用，与其他知识有没有联系等，时间一长就忘了。其实，这个知识并没有被自己吸收内化，更不用说通过这个知识改变自己了，如同仓库里储藏了很多知识，却从来没有使用过，时间一长就过期了。现在学到新知识时，我会更多地加入思考，想一想这个知识都可以在哪方面使用，通过学习这个知识能否真正在行动上改变自己。尤其是对于重要的底层知识，为了能够使其内化，真正掌握它，我还会通过写一篇文章的方式去使用这个知识，这就等于进行了大量的思考，起到了很好的效果。

3. 对知识进行思考才能提升洞见与认知能力

我们知道简单的阅读很容易，思考却很费脑子，显得很难，然而越是难的事情做到了，越对自己有价值。这就导致了许多人一辈子看的书不少，但是依然缺乏洞见和解决问题的能力，看书看成了书呆子。

事实上，光是看书还不够，还要学会思考。思考是对知识最有效的内化过程和方式，也是提高一个人的洞见能力和认知能力最重要的方式。各个领域的高手往往都是善于思考的人，只有善于思考才能洞见事物的深层本质，才能提升认知的层次。百度公司前副总裁李靖就是善于思考的高手。每学习到一个重要或有用的知识，他就会不断地思考：“当我接触了一个新知识的时候，不光要想‘过去的哪些现象可以用这个知识解释？’还要想‘我的哪些行为可以被这个知识改进？’”除此之外，他还不断地寻找知识之间的联系，遇到反常的现象时总爱问为什么。通过长期的学习和思考，他形成了系统化的知识体系，同时洞见问题本质的能力也在不断地提升。

这样的思考过程其实就是知识的内化过程，也是掌握知识的关键，同时让你的认知和洞见能力能够有效地提升。毕竟一个人的洞见能力来源于底层思维能力，而思考是增强底层思维能力的重要方法。事实上，学习多少新知识并不重要，重要的是要去思考和使用。很多人的问题并不在于缺乏知识，而是遇到了生活中的问题或现象时想不起应该用什么知识和怎么用。

四、写作是养成思考习惯的最好方式之一

我们知道，阅读时多思考才是掌握知识的关键，但是我们又该如何培养爱思考的习惯呢？培养爱思考的习惯可能有诸多方法，如遇到问题时不要急于下定论，而是要多问为什么，养成刨根问底的习惯，透过现象去探究问题的本质等，这样时间一长就会形成思考的习惯。后文专门有一节教大家如何养成深度思考的习惯，这里暂不展开介绍。

这里，我想介绍一个行之有效的方法：通过写作来培养思考的习惯。

1. 写作是一个全程思考的过程

有过写作经验的人都知道，写作是非常费脑力的，写作的过程就是全程

思考的过程。你要思考主题和素材，以及文章的前后逻辑，还要思考语句等。尤其是写作前谋篇布局、画思维导图的过程，更是需要大量的思考。写作其实就是创作，而创作就要思考，因此说，当你养成了写作的习惯时，也就养成了思考的习惯。

2. 写作也是掌握知识最好的方法

有人说，写作是知识留存率最高的实践之一，这是有道理的。当你通过阅读学习到了一个新知识时，通过写作的方式可以实现你对这个知识的内化和吸收。

拿我自己来举例。我写作的很多灵感和素材都是来源于阅读，尤其是遇到了重要的底层知识，我会将其运用到自己的文章中。当你运用学到的新知识去写作的时候，你要不断去思考如何更加全面地去理解这个知识，它的更深层的理论支撑是什么？还要举一反三，去思考如何使用它，以及能够将其运用在哪些方面等。其实，整个写作的过程就是使用知识的过程，也是知识内化的过程。可以说，写作对于掌握知识非常有用。

我记得在阅读《穷查理宝典》这本书时，查理·芒格提到的工程学中有一个底层知识叫“冗余”思维，他将其运用于投资中，就构成了我们常说的“安全边际”的概念。我觉得这个知识很重要，就查找了一些其他相关资料，写了一篇《善用“冗余”思维，构建人生的安全空间》的文章。这样，我不仅掌握了“冗余”思维的理念，还使自己得到了改变。比如，我开车时就会提醒自己注意适当的“安全”空间，在生活中遇到各种事情时，也会提醒自己做人做事要学会留有余地。

这样的写作实践不仅帮我养成了爱思考的习惯，还让我掌握了学到的新知识。更重要的是，我对经过深思熟虑后写出的东西不会轻易忘记，而且遇到问题时还能够想起来去使用，让学到的知识真正地给自己的生活和行为带来改变，可谓一举三得！

阅读是输入，思考是加工，写作是输出。最近两年来我除了进行大量阅读外，一直坚持着写作，也正是写作让我养成了思考的习惯，也形成了一个正反馈循环系统。在这个系统中，阅读为写作提供了大量知识和素材，思考和写作又加深了阅读的效果，重要的是对知识的掌握起到了关键作用。最后，我想说的是，读书当然很重要，但只有思考和练习才是掌握知识的关键。

第二节　经常进行深度思考

一、你多久没有进行深度思考了

在生活中，我们从事着各种各样的工作，无论你很忙碌，还是很清闲，你是否想过这样一个问题：你有多久没有进行过一次深度思考了？

许多人可能会说，我每天都在思考啊，早饭吃什么、上班穿什么衣服、工作汇报怎么写、下班回家看什么书等，这不都是在思考吗？没错，许多事确实都需要思考，但这些所谓的思考基本都是浅层的思考，或者是一些简单的决策，并没有真正地触及深度思考。我们的大脑也确实有懒惰的一面，能省点劲儿就省点儿，遇到问题时习惯性地根据表层现象及自己过去的经验框架去分析并迅速做出判断和结论，有的人甚至根本就不去思考，而是人云亦云、随大流。

我们可以静下来仔细回忆一下，我们有多久没有对某一件事，或是关于自己的成长进行深度思考了？也许是一个月、两个月、半年乃至一年，甚至是从来就没有过深度思考的经历。可以说，真正能够做到经常深度思考的人其实很少，大部分人表面上是整天在思考，其实都是在“浅”思考。而真正对问题进行深层次思考或本质思考的人并不多。

在信息和知识大爆炸的今天，很多人都有知识焦虑症、成长焦虑症，于是开始买很多书，购买各种付费课程，各种各样的知识胡乱地学了一通，学来学去都不知道自己到底需要什么，什么知识才是自己真正需要的，自己真正想往哪方面发展都没有想好，忙乎半天，依然还是没什么效果，还是焦虑。其实这就是没有对自己成长的方向进行过深度思考的缘故，不知道自己真正想学什么，为什么去学习这一方面的知识。很多人都是因为看到别人都在学，所以自己才要学。

大家有没有思考过，到底是什么在破坏或影响着我们的深度思考能力呢?

二、是什么在破坏我们的深度思考能力

1. 从外部环境分析

（1）快节奏的现代生活方式的影响。社会的发展速度越来越快，我们的生活节奏也变得越来越快，大家整天都是忙忙碌碌，被工作和生活琐事包围着，很少有大量的、能够静下来的时间去深度思考一些问题。快节奏的忙碌生活让我们减少了深度思考的时间。事实上，人只有在静下来的时候，才能专注地去深度思考。而生活中，很多人甚至连静下来专心读半个小时的书都做不到，还没看几分钟，大脑就开小差儿了，或者去看手机了，根本无法专注下来，更别说进行深度思考了。

（2）获取知识和信息变得更容易。这也在一定程度上减少了我们深度思考的时间和能力。互联网和智能手机的发展让我们随时随地都能够找到大量所需的知识和信息，尤其是智能化大数据的发展，使有些平台更加理解用户所需，总是能够及时推送给你那些你所关注的知识和信息。这就很容易让人不想再去深度思考，需要什么直接搜索就行了。

（3）信息过载。在知识爆炸的时代，很多人产生了对知识的焦虑，这在一定程度上增加了他们工作和生活的压力，人在压力增大的时候，就不想去进行深度思考了。

2. 从人的内在因素分析

我们之所以很少去深度思考，最主要的一个原因其实就是我们的思维习惯。外在环境确实是影响人进行深度思考的一个因素，但它不起决定性作用，起决定性作用的还是内在原因。当我们遇到一个问题或事物的时候，很少去深入地探究一下，大部分人都是看表层、看现象，这样就不会形成深度思考的习惯。在前文我们也说过，深度思考比较消耗人的能量，因此，许多人都

不愿意长时间进行深度思考。

三、为什么要多进行深度思考

既然深度思考费脑子，消耗人体的能量大，为什么我们还要多进行深度思考呢？事实上，深度思考对于一个人的成长非常重要。

1. 增强人的甄别和辨识能力

我们处在一个知识和信息大爆炸的时代，在充斥着海量知识和信息的环境中，只有深度思考才能帮助我们更好地甄别和辨识它们的价值。知识和信息是无限的，而我们的学习和消化能力是有限的，只有通过深度思考才能甄别哪些对自己的成长更有价值，而不是什么知识都学，应该把宝贵的时间用在更有价值的知识和信息上。

在海量的知识和信息面前，我们一定要去辨识自己的行为对自己有没有价值，为什么对自己有价值，一层层地去追问和深度思考，而不是只凭感觉和个人喜好胡乱地去学。深度思考还能够帮助一个人更好地甄别和辨识什么是正确的、什么是错误的，让其能够有自主分析能力，使其更有主见，而不是看到别人说什么就是什么，随波逐流。

2. 更好地内化学习的知识

我们都知道学习知识很重要，然而，对知识进行深度思考才更重要。当我们学习一个知识的时候，只有深度思考它，才能够更好地内化它。学习时对知识进行深度思考才能建立知识之间的联系，而且，深度思考还有利于帮助你建立起知识体系。由一个知识点到构建知识网再到构建知识体系，都离不开对知识的深度思考。真正的高手都是深度思考的高手，那些在某个知识领域真正厉害的人都拥有深度思考的习惯。

3. 更加接近事物的真相和本质

深度思考才能更直击事物的本质，能够抽丝剥茧、层层剖析，不断探究事物的本质和真相。我们以创业为例，当你看到别人成功后，你觉得只要按照他的成功经验学习并照做，自己也可以成功，认为别人的成功可以复制。其实则不然，很多人的成功都是无法复制的，因为可能你看到的成功经验只是事物的表象，并不是成功的底层规律或本质逻辑。如果我们不经过深度思考，不找到其本质规律，只是一味地去复制，就很难取得成功。这也就是为什么大家在创业时很喜欢跟风，什么行业热就一拥而上，不去深度思考自己到底有没有这个能力，适不适合。

无论是创业，还是在生活中遇到什么重要的问题，我们都要养成深度思考的习惯，这样才会更加接近事物的本质，同时也能够减少很多不必要的错误和失败。

4. 让人变得更有智慧和洞见性

就像我们在前文说的，经常深度思考的人，其辨识能力、内化知识的能力及探究事物本质的能力就会更强，这三个方面的增强就会使人变得更有智慧和洞见性。有深度思考习惯的人往往能够比别人看得更深、更远，更具有智慧。当别人只能够看到表面和当前的趋势时，深度思考的人就会比别人看得更远、更准。

当一个人变得更有智慧的时候，其幸福感也会增强。许多事情如果我们只看表面现象就会非常生气，比如“路怒症”，一看到有人别了你的车，你就会愤怒，总想报复回来，那么就会得不偿失，甚至还有生命危险。如果你对此深度思考一下的话，也许你就会退一步海阔天空，认为这没有什么，进而在认知上就控制住了自己愤怒的情绪。有智慧的人更容易控制自己的情绪，认知能力也更强，不容易受到外部环境的干扰，自然在生活中的幸福感就更多一些。深度思考是一个人自我修炼和成长的方法之一，你思考得越多、越深，就越有智慧和洞见性。

四、在人工智能时代深度思考更为重要

在生活中有这样一个规律：当一件事情做起来很难，很少有人愿意长期去做，那么，如果你去做了，就会更有价值。深度思考也是一样，一个人能够长期坚持深度思考并不容易，但是如果你去做了，那么对于你的成长和心智发展就会产生更大的价值。

在信息和知识大爆炸、人工智能快速发展、生活节奏不断加快的时代，

很多人不愿意去花更多的时间进行深度思考，这时候，如果你能够反其道而行之，养成深度思考的习惯，你就会在众人中脱颖而出。

第三节　如何养成深度思考的习惯

深度思考对一个人的成长和发展作用巨大。但很多人并没有养成深度思考的习惯，甚至从来不去进行有意义的深度思考。因此，很多人会问，既然深度思考这么重要，又该如何养成深度思考的习惯呢？本节我们就这个问题进行分析，希望能够给大家带来一点启发和帮助。

一、深度思考能力是可以练出来的

深度思考能力并不是天生就有的，而是可以通过后天练出来的。就像我们学习一门技能一样，如写作能力，只要你找到正确的方法，不断地进行刻意练习，是能够不断提高自己的写作能力的。

许多人一提到深度思考就会说："那是聪明人干的事，我可不行，我脑袋天生就比较笨。"其实，这是一种固定型思维，一旦你从一开始就认定自己不行，给自己设限，那么你就更不会去尝试做这件事了。有时候，思维设限是成长的最大障碍。深度思考能力的提升也是一样，还没去做就认为自己不行，那么肯定无法提升。

有的人也想提高深度思考能力，但是无从下手，没有方法。他们纠结于自己该从哪入手思考，该深度思考点什么呢？没有目标，没有方法，最后就不了了之了。

有的人偶尔也能够进行深度思考，但是无法做到持续，可能一年也思考不了几回，结果仍然无法形成深度思考的习惯。

其实，最理想的情况就是将深度思考培养成一个人的思维习惯，一旦形成了思维习惯，遇到重要的事情和问题时，就会自觉或下意识地去深度思考。形成习惯之后，也就形成了一个正反馈循环系统，深度思考能力会随着系统的不断循环而逐渐增强，人的成长自然也会更快。

二、如何养成深度思考的习惯

1. 从多问为什么开始

当我们遇到问题时，千万不要只看表面现象，而是要学会尝试多问问为什么，这是培养深度思考习惯的第一步。在前文我们提到过黄金圈理论，这个理论也是帮助我们养成深度思考习惯的一个方法。当我们看问题和认知事物时，不能只停留在做什么上（what），而是要向怎么做（how）和为什么（why）去思考和探究。只有这样，才能深入到事物的本质，才能引导自己养成深度思考的习惯。

（1）不急着下结论。想要养成多问为什么的习惯，就要遇到什么事情或问题时不能急着下结论。不要总觉着自己一眼就看明白了，而是要问问底层原因是什么，为什么会这样？就拿创业来说，不能看到别人创业成功了，就认为是别人天生就是创业的料，或者这个人的运气比较好，而是要往深层去思考一下成功背后的逻辑是什么。比如，商业模式设计得比别人好？资源整合能力更强？行业周期正处在快速上升期？核心团队能力出色？抑或是技术创新能力强？等等，而不能轻易地就下一个简单的结论。

（2）5why 法。要想养成深度思考的习惯，有时候还需要连续多问几个为什么，抽丝剥茧，层层深入，自然就能够引导你去深度思考，也能够发现现象背后的深层原因。5why 法就是这样一个引导人们深度思考的工具，最早是由丰田公司的大野耐一提出。简单地说，其含义就是遇到问题至少问 5 个为什么。

很多人都听过为什么美国杰斐逊纪念馆外墙斑驳、陈旧的案例，就是通过不断追问为什么才找到了最终的答案。表面上看是因为清洁工经常使用清洁剂进行清洗造成的，这也是直接原因。但是你如果一直追问下去，就会找到背后的答案。

“为什么清洁工要经常清洗外墙呢？”

“因为有很多鸟在这里拉屎。”

“那为什么会有很多鸟呢？”

“因为这里非常适宜虫子繁殖，而这些虫子是鸟的美餐。”

“为什么这里适合虫子繁殖呢？”

“因为那里有一排窗，太阳把房间里照射得非常温暖，所以很适合虫子繁殖。”

经过几轮为什么的追问，我们终于发现，原来是因为那一排没有窗帘的窗户才导致外墙的斑驳、陈旧。追问到这里，答案自然就出来了，只要挂上窗帘问题就解决了。

有时候，当我们面对问题时，不要轻易地给自己一个答案，而是要练习挑战自己习以为常的观念和思维，多问几个为什么，试着不断地深入思考，往往能够帮助我们找出深层的原因。

2. 建立自己的思维主见，不要人云亦云

在生活中，很多人喜欢跟风，喜欢不费脑子地人云亦云。而对于一个要培养深度思考习惯的人来说，最重要的一点就是要有自己的思维主见。这就要求我们平时有质疑精神、探索精神，不能什么都随大流。遇到事情时，尝试着去深入分析，得出自己的结论和主见，而不是只看别人的意见和观点。许多事情都不是像我们看到的表象那样简单，真正的原因和真相往往都隐藏在深层，就像冰山一样，看到的只是一小部分，大部分隐藏在水下。

3. 对于深度思考的练习一定要保持专注

深度思考是比较费脑子的事情，而且需要层层递进，甚至是绞尽脑汁去思考，这时就需要保持专注。如果总是被打扰，或是在嘈杂的环境中去深度思考，其练习的效果就会很差，甚至无法做到聚精会神地深度思考。深度思考也是一种刻意练习，是在自己思考的舒适区之外的活动。我们知道刻意练习时就需要保持专注的状态，深度思考也一样。只有静下心来，全神贯注于思考的问题上，才能进行深度思考。通常来说，一定要在我们最专注的时段去做深度思考，这样的效果才会最佳。专注是深度思考的一个重要前提，无法做到专注，就无法练习深度思考。

4. 自省是一个非常好的深度思考练习

自省是一个人迅速成长和进步的有效方法，善于自省的人成长的速度往往非常快。南宋理学家朱熹就说过："日省其身，有则改之，无则加勉。"荀子也说："君子博学而日参省乎已，则知明而行无过矣。"曾子也极力主张自省，认为人应该做到"吾日三省吾身"。自省本身就是在深度思考，每天反思自己有哪些不足，为什么会失败，在失败和错误中总结出哪些经验等。坚持自省其实是养成深度思考习惯的重要方法，希望大家多多自省，多多深度思考。

5. 阅读和写作能帮助一个人养成深度思考的习惯

有人说自己平时没什么事的时候很难去主动深度思考什么，有没有什么方法能够让自己不得不去思考呢？坦白地讲，以我自身的经验来说，还真有，那就是多读书和练习写作，这两件事你做得多了，就会带动你去深度思考。

深度思考的一个重要前提是你得不断提高自己的认知能力，而阅读和写作是提高认知能力的重要途径之一。尤其是写作，最能带动你去深度思考。以我自己来举例，我平时写的文章大部分都与成长有关，而且是属于职场经验类型的文章。写这样的文章时，就需要针对主题进行深度思考，需要分析原因，尤其是较为底层的原因。如果想写得有一定深度，而不是到处摘抄，这就需要去阅读书籍，并结合自身体验来思考如何去写。

每写一篇文章都是一场高强度的脑力活动，构思主题、画思维导图、构建文章架构，还得从多层次和多角度去审视文章的逻辑和观点等。毫不夸张地说，每写一篇文章都是一次深度思考的过程。

当然，读书也是养成深度思考的重要方法，你读得越多越会引发自己去思考，思考知识之间的联系，思考这个知识还可以用在什么地方，结合自己的经历想想这些知识对自己有什么价值和启发。需要强调的是，你最好阅读能够提升自己认知能力或技能类的书籍，而不是用于打发时间的网络小说之类的书籍。可以这么说，当你养成了阅读和写作习惯的时候，你也就养成了深度思考的习惯了。

三、做一个勤于思考的人

我们要做一个勤于思考的人，而不是一个思维懒惰的人。每当遇到问题时，不要轻易给自己一个答案，而是要多问为什么。再好的方法也需要拿出行动去练习，懂再多的道理都不如一次真实的行动。深度思考习惯的养成不是一朝一夕的事情，而是需要持续去练习的。虽然这个过程并不是那么轻松和惬意，甚至还有一些枯燥无味，但是如果你能坚持下来，养成习惯，将受益终身。

第四节　高维思考，低维行动

在生活中，很多人都在积极努力地成长着，但并不是每个人都能够做到高效成长。有的人成长得比较快，三五年就获得一定的成就。而更多的人成长得并不是很快，他们并不缺乏想法和目标，但是折腾了十来年都没有什么实质性的跨越。为什么会出现这种差距呢？下面，我们就来深入分析一下如何才能让我们成长得更快。

一、高维思考＋低维行动策略

要想成长得更快，我们需要做好这样两件事情，即高维思考＋低维行动。具体什么是“高维思考＋低维行动”策略呢？

“高维思考”说的是无论你想在哪方面成长或者提升，都要从高维角度去思考，也就是要从更大的框架、高度和视野去思考战略性和方向性的问题。一个人想要成长，就要做到有高度、有远见、有大局观，确保战略与自己的能力匹配，确保成长的目标和方向正确。有时候，战略和方向不正确，再怎么努力效果都不会太好。

“低维行动”说的是在有了经过高维思考后的目标方向和战略后，就要制订可执行的行动方案。低维行动就是要做到行动的可执行、可实施，先从某个点入手，进而形成线和面，最后才能实现最终的“体”，也就是我们的目标。

其实，高维思考相当于是战略，而低维行动就相当于是战术。战略就要确保方向准确，就要站得高、看得远，还能够与自身能力和资源相匹配。而战术就是要使具体的行动方案既要精准，又要可执行。战略看的是“体”，而战术要落到“点”上。

回到个人成长上，高维的战略思考和低维的战术行动同样重要。那么，我们该如何去进行高维思考和低维行动呢？

二、如何做到高维思考

如何做到高维思考呢？这就需要从四个方面入手，如图 8-4-1 所示。

图 8-4-1　高维思考策略

1. 站位要高

我们在制订成长目标和战略的时候，高维思考的站位一定要高，要有大局观思维，站位高才能看得长远，避免出现短视行为。站在不同的高度，看问题就会有不一样的视角，站位越高，越容易把握方向的正确性。

说到我们为什么要成长，有的人只看到眼前的得失，认为成长是为了赚更多的钱。而有的人却站位较高，认为不断成长不仅能够实现自我价值，还能够通过创造价值帮助其他人。站在不同高度去思考，就会得出不同的价值观和方法论，其结果也会完全不同。有时候你越把眼光放在钱上，反倒越挣不到钱，而当你从帮助他人就是为社会创造价值的角度去思考时，财富反倒会追着你走。

2. 视野要远

要想进行高维思考，你还要看得远，要基于长远思维去思考问题，不是聚焦在当下的一时一刻。许多人想在某一方面或领域学习和成长，在制订方向和战略的时候，一定要放眼到未来 10 年、20 年甚至是一辈子。因为有些技能和知识过不了几年就会被淘汰，我们成长的技能或领域一定要具有长期的竞争力。就像近几年，微商比较火的时候，大家一股脑去学习微信营销，结果没过多久，直播带货、网红直播火了，微信营销就有些冷淡了。这就要求我们在制订成长战略时要看得远，成长的技能最好能够受用一辈子，如投资能力的成长、写作能力的成长等，这样才是基于长远的高维思考。

3. 看问题要深

要进行高维思考看问题就要深，尤其是在思考成长的问题时，你一定要想清楚几个问题，即为什么要在这一方面去成长，对自己和他人有什么价值，这是自己真正想成长的领域吗？做这件事是基于一时头脑发热还是发自内心想做？

只有思考到问题的本质和底层，才能更好地把握成长的正确方向，也才能制订出有效的成长战略。做任何事都不能凭着一时冲动，而应该进行理性的深入思考，这样才能具有强大的自驱力，不然很容易坚持一段时间就放弃了。

4. 聚焦度要高

要进行高维思考，还有一点就是要聚焦。无论你想在哪方面发展和成长，都要做到聚焦。聚焦就意味着要取舍，不是什么都要做，而是聚焦在某一个领域去做，这样才能有机会成为这个领域的高手或专家。高瓴资本的张磊将自己的全部精力都投入价值投资领域，深入价值投资的第一性原理，不断丰富自己的投资体系，其创办的高瓴资本也发展成为中国有影响力投资机构之一。

我还想说一个身边特别有说服力的高维思考的例子。我认识两个朋友，他们都是从 2019 年年初开始做自媒体，但是初始的思考维度完全不同。其中一个主要做视频内容，而且大多是摘自别人书上或网络上的热点信息，整理后录成视频发上去，自己真正的能力并没有提升。而另一个人的出发点完全不同，他只做原创文章，每周一篇，坚持深度思考，坚持大量阅读书籍找素材，注重的是长远写作能力的成长。两年过去了，第一个朋友靠追热点，粉丝涨到了 7 万多人，但是遇到了瓶颈，现在基本停止更新视频了。而第二个朋友输出了几十万字的内容，写作能力得到了很大的提升，虽然粉丝没有前者多，但他写作的内容即将出版成书了。两相对比，我们会发现高维思考的结果可谓大不相同。

总之，高维思考就是从看问题的高度、远度、深度、聚焦度入手，让思考更具立体和系统性，使成长的决策和战略更加正确。

三、如何做到低维行动

我认为，高维思考说的是战略层面，要有高度、有远见，确保方向正确，而低维行动讲的就是具体战术的可执行性。当你有了高远的战略后，接下来最为重要的就是如何行动和执行，光有战略仍然是纸上谈兵，只有真正行动起来才有意义。那么，如何低维行动呢？

我将低维行动分为四个步骤：拆解目标、寻找精准切入点、制订最小化可执行方案、快速迭代行动，如图 8-4-2 所示。

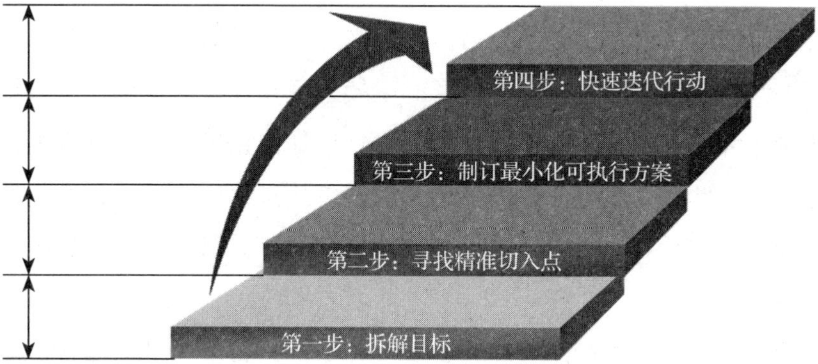

图 8-4-2　低维行动策略四步法

1. 拆解目标

这一步就是将你的战略大目标进行拆解，分成多个阶段性小目标，这样才能更容易着手行动，更容易找到行动的落脚点。

我们以跑步健身为例，如果你定的大目标是三年后挑战全程马拉松，这相当于你的战略目标。没有跑步基础的你不可能开始练习就跑全程，这样不可行。我们必须得将这个大目标进行分解，分成多个阶段的小目标，如第一年练习到能跑 10 公里，第二年跑到 20 公里，第三年能跑全程。对于第一年的目标你还得分解，才能具体可执行。如第一个星期跑多少，第二个星期跑多少，第一个月跑多少等。只有将大目标分解成为可执行的小目标后，才能更好地执行。

这就是一种降维，从大目标降到最终的点上，再将点连成线，将线连成面，最后将面再连成体，就实现了目标。因此，低维行动首先就是降维，将目标分解。

2. 寻找精准切入点

第一步将大目标拆解后，就会形成很多小目标，接下来就应该针对小目标寻找精准的、合适的切入点。我们常说“万事开头难”，再大的目标也得有个起点，知道第一步做什么。我们还拿跑马拉松来说，你得知道从什么先开始着手，如先从热身练习开始，避免跑步受伤，这就是切入点。好比打一场仗，切入点就是你得具体到哪个连队先在哪里打响第一枪，率先发动冲锋。

3. 制订最小化可执行方案

有了行动的切入点、着手点后，接下来就要针对这个切入点制订最小化可执行方案，也就是涉及该怎么做了。继续来说马拉松的案例，当你把如何正确热身作为切入点后，接下来你就需要针对如何正确热身制订方案，如热身前需要准备什么，热身一般需要多长时间，热身都应该注意什么，都有哪些热身动作等，针对如何热身这个切入点，制订一套简单可行、最小化的可执行方案。

就像我们创业时做产品一样，不要等什么都具备了才推出最终产品，而是要用最小的成本和最有效的方式把产品快速推向市场进行迭代，即最小可行性产品（MVP：Minimum Viable Product）。这是埃里克在《精益创业》一书中提出的理念，其实也非常适合于低维行动策略。

4. 快速迭代行动

最后一步就是快速行动，一旦制订好了最小化可执行方案，剩下的就是快速迭代行动。在行动中迭代、快速反馈、发现问题、快速改善，进而完成阶段性小目标，最后一步一步实现大目标。当你制订好了如何热身的方案后，剩下的就是投入行动和练习中，在练习中不断发现问题、改进问题。

在低维行动中，除了上述四个步骤和方法外，还需要在行动中保持专注，同时能够把小事做到极致，才能为大目标奠定基础。就像大家比较熟悉的日本“寿司之神”小野二郎，他是将每一步、每一件小事都做到了极致，才成就了自己“寿司之神”的美誉。

必须指出的是，高效的成长既离不开高维思考的战略，也离不开低维行动的战术，没有高维思考的战略，成长就缺乏正确的方向指引，没有低维行动的可执行战术，再好的成长目标也很难实现。高维思考的战略指导低维行动，专注极致的低维行动最终成就高维思考的战略，二者都很重要，只有都做好了，才能使人更快地成长。

第九章

成长的持久力

成长不应该是一时的事，而应该是长期的事，甚至是一辈子的事，我们需要将长期主义作为人生成长最为重要的底层思维。成长就好比赛跑，比拼的不是短程爆发力有多强，比的是远程持久力，看的是长期耐力和自控力有多强。

第一节　长期主义是重要的底层思维

一、长期主义者才能成为时间的朋友

在思考人的成长时，我们必须得思考一个问题，到底哪些因素对我们的成长影响更重要？也就是说，一个人要想取得远高于其他人的成绩或成就，需要具备哪些重要的底层思维。事实上，思考这个问题时，我们往往容易忽略一个最明显却又最重要的底层思维，那就是长期主义思维。

为什么说长期主义思维是成长过程中最重要的底层思维之一？这是因为如果你想在某一个领域取得巨大的成就，成为这个领域里的顶尖专家，就需要在这个领域里长期持续地保持专注和精进。即使你拥有过人的天赋，仍然需要长期地练习和精进，最终才能成就卓越的人生。在科学领域，那些获得诺贝尔奖的科学家们，每一个都是长期主义思维的忠实拥护者，因为他们知道，任何伟大理论的探索和先进科技的发明都是长期研究和摸索的结果。竞技体育领域也同样如此，哪一个世界冠军不是经过长期刻苦训练才取得比赛

胜利的？可以说，对于一个人的成长，长期主义思维是一个最为基础也是最为重要的底层思维。但是，有时候越是简单的、明显的重要道理，越容易被大家忽视。

在生活中，总有一些自以为很聪明的人做什么事都想走捷径，总想在最短的时间内取得成功，将长期主义这个底层思维抛到脑后，但其结果往往是无法取得任何成功或只是昙花一现而已。其实，聪明和天赋不和长期主义思维结合起来，一个人是很难取得大的成就的。我们看一个人的成长和最终取得的成就，不是只看一时，而是要看一辈子。年轻的时候凭借运气或机遇取得阶段性的发展和小成功并不代表一辈子成功，毕竟人生的路还很长，只有在某一个领域或方面长期取得成长，最终才能取得更大的成就。对于普通人来讲，无论你是想学习一项技能，还是想做一件有意义的事，都需要把长期主义思维作为你的重要方法论，这样才能更好地成长。

此外，越是在变化的环境中越是需要长期主义。当前，我们所处的时代一个最为重要的特点，就是一切都变化得比较快，生活节奏、工作环境、社会发展、科技创新等方方面面的更新迭代可以用日新月异来形容，且越来越复杂。而应对不确定、复杂性和多变性环境的最好方法就是秉持长期主义精神，在长期主义中成长和创造价值，只有长期主义者才能成为时间的朋友。

二、越是有价值的东西越需要时间的积累

在我们生活中似乎有这样一个规律：越是有价值的东西，越需要时间的积累和沉淀。

如果你足够细心，就会发现，大树成材所需要的生长时间越长，以其为原料制作出来的家具越坚固，越经久耐用，越有使用价值。大家比较熟知的红木家具，虽然价格昂贵，但确实耐用，用几十年、上百年都没问题，原因就在于红木本身材质比较坚硬，而它的生长非常缓慢，生长期都在几百年以上。在艺术领域，越是有价值的作品越需要时间的积淀。大师们只有经过长期地练习、积累和沉淀，才能创作出那些具有非凡价值的艺术品。所谓的创造灵感都是时间沉淀的结果，没有长期的基本练习，就无法创造出高价值的

作品。

那些在短时间内就可以速成的技能或事物往往根基不牢，价值也不会太高。大家知道人参是非常珍贵的药材，真正的野生人参需要生长 6 年才能达到营养成分的高峰，通常是 3 年开花，5 ～ 6 年结果，然后才真正进入成熟期。而人工栽培的园参（即田间生长的人参）有的只生长 3 ～ 5 年，甚至还有一年就采收的，这样速成的人参营养价值就差很多。

人的成长也是如此，任何一项顶尖技能都是在长期训练的基础上练成的。而那些在很短时间内就取得的成功，往往禁不住时间的考验，很快就会从高峰跌落。没有扎实的基础、长期主义的坚持，只靠一时的运气和投机，是无法取得持续的成功的。要想练就一身真功夫、真本事就得具备长期主义的思维理念，在某一领域积累的时间越长，越容易创造出竞争优势，最终获得的成长也更有价值。

三、成长比拼的不是短程爆发力，而是远程持久力

龟兔赛跑的寓言故事大家从小就学习过，但是这个故事告诉我们的道理并不是每个人都真正地理解了。

兔子总是嘲笑乌龟行动缓慢，有一天，它想邀请乌龟一起比赛跑步。乌龟本来是不想参加比赛的，但是看到兔子有些傲慢，就答应和兔子比一比。比赛开始后，只见兔子“嗖”的一下冲了出去，而乌龟却缓慢地行进着。一会儿的工夫，兔子就甩开了乌龟，连个影都看不见了。兔子就想：乌龟那么慢，恐怕我睡上一大觉，它也赢不了我。于是，它躺在一棵大树下真的睡着了。乌龟虽然不像兔子那么快，但是它一直没有松懈，始终朝着目标前进，它知道只有坚持下去才有可能赢。故事的结局大家也都知道，乌龟先到达了终点，兔子输掉了比赛。龟兔赛跑的道理似乎大家都懂，但是在生活中很少有人真正做到。尤其对于个人成长来说，很多人可以在某个阶段突然很努力，发狠地学习一两个月或半年，却无法连续坚持 3 年、5 年、10 年甚至一辈子。

成长不在乎你一时有多快，而是看你能够坚持多久。我经常说成长比拼

的不是短程爆发力，而是远程持久力。就像龟兔赛跑一样，兔子的速度和爆发力远强于乌龟，但是没坚持多久就睡大觉去了，而乌龟虽然没有那么快的速度和很强的爆发力，但是贵在坚持和持久，最终却赢得了比赛的胜利。

成长就像积累财富一样，大家总喜欢一夜暴富，却很少有人喜欢去长期坚持慢慢变富。如果把成长比作跑步运动的话，它是一项长跑项目而不是短跑项目，短跑拼的是爆发力，长跑拼的是耐力和持久力。

四、把时间和信念投入具有长期价值的事情中

长期主义应该成为每个人成长道路上最重要的底层方法论，在长期主义思维的指导下，我们需要做的就是把时间和信念投入具有长期价值的事情中。

那么，什么样的事情才具有长期价值呢？对于不同的人来说，可能具有长期价值的事情会有所不同，但具有长期价值的事情是有一定的特征的。这样的事情就是，你做得越久，对你的成长越有价值，而且做这样的事情不是一两天就结束了，而是可以长期甚至一辈子做下去。

以跑步健身为例，你做得越多，坚持的时间越长就会越有价值。在高节奏的生活中，大多数职场人每天都在忙于工作和家庭事务，很少有人能够长期坚持锻炼身体，而许多人不到四五十岁就各种疾病缠身，很多人的身体都处于亚健康状态，并且经常有人因过度劳累而死亡。而坚持锻炼身体的人就完全不一样，不仅身体没什么毛病，抵抗力也会强于不锻炼的人，平时也很少得病。而且，这个习惯坚持的时间越长，对个人就越有价值。身体是革命的本钱，有个好身体，才能更好地去成长。

当然，还有很多具有长期价值的事情，如阅读学习、早睡早起、勤于思考、帮助他人等。每个人成长的领域不同，只要在自己所属的领域里做那些具有长期价值的事情，就会不断成长和进步。就像原腾讯副总裁吴军博士说过的那样："一个人是否有出息，就看他做的每一件事是否能成为放大自己进步的台阶。"一个人最终的成长高度就是由他过去所做的每一件事累加起来带来的结果。你做的每一件事如果都能成为放大自己进步的台阶，那么你的成

长就会比别人更快、更好，最终取得的成就也会比别人高很多。

此外，之所以长期主义是成长的重要底层方法论，还因为当你长期去做有价值的事情的时候，就会产生复利效应，一旦过了拐点，就会呈指数级增长，人生才能迎来飞跃式发展。

五、让长期主义成为你的价值观

高瓴资本创始人张磊在谈到价值投资时说："长期主义不仅是一种方法论，更是一种价值观。"[①] 我认为不仅在价值投资领域需要将长期主义作为一种价值观，在个人成长中，一样需要把长期主义这个重要的底层思维作为一个人的价值观。价值观是一个人的价值选择标准，是判断什么更重要的尺子，当你把长期主义作为自己的价值观时，遇到人生各种选择时，你就会选择那些具有长期价值的事情，而不是只聚焦在短期价值上。

晚清明臣曾国藩有言："学贵初有决定不移之志，中有勇猛精进之心，末有坚贞永固之力。"说的正是人学习和成长要做到长期主义。长期主义的精神既是成长的方法论，也要成为一种价值观，更是人生成长的核心战略。

第二节　坚持一件事情做 3 年

一、做坚持下去的少数人

这两年想学习、想成长的人越来越多，另一方面，随着时代发展得越来越快，知识和技能的更新和淘汰速度也越来越快。因此，许多人都产生了知识焦虑、技能焦虑及成长焦虑。面对各种焦虑，并不是每个人都能静下心来长期坚持把成长的事情做好。更多的人总想着走捷径，做什么事情都坚持不了太长时间，做什么都图快。结果是，越心急，越想在某一方面成长，越坚持不了多长时间，做什么事都是一阵子热度，过了那股劲儿，就放弃了。

---

① 张磊. 价值［M］. 杭州：浙江教育出版社，2020.

成长是需要耐心的，一项重要技能的练成是需要一定时间的累积才能见到效果的。比如说，你想在写作技能方面有大幅提升，那就不是一两天能成的事，也不是你报个写作培训班，练个三五个月就能成为写作高手。而是需要长年累月地刻意练习，不断精进，大量实践才能真正有所提高。其他很多事情也都是一样，如投资能力的提升，成为编程高手，成为钢琴高手等。哪一方面技能的提升都需要三五年才能有所成就。创业也是一样，许多人坚持不了多久就放弃了，总是想着什么都要快，看到别人一夜暴富就想着自己也要赚快钱，一旦见不到效果就放弃。

我想说，要想真正在某一技能方面有所成长，就需要狠下心来，踏踏实实坚持几年。这个过程也许很枯燥，也许不那么一帆风顺，但是真正的技能没有三五年的积累是不会有所精通的。在这个飞速发展的时代，有耐心、有匠人精神，能够坚持下去的是少数人，大多数人内心充满了浮躁、急切和焦虑。只有做坚持下去的少数人，才能脱颖而出。

二、为什么要坚持 3 年

为什么强调的是 3 年？“3”这个数字在我国也是非常有意思的，在我们的文化中也有着重要的意义。比如，《道德经》第四十二章，老子在关于宇宙生成的论述中讲道：“道生一,一生二,二生三,三生万物。”虽然这里的“三”不是指具体的数量的那个“3”，而是表示“道”生万物，从少到多、从简单到复杂的这个过程。

《淮南子·天文训》对上述的哲学解释是，道生一，“一”是太极，“二”是“阴阳”，“三”是“阴阳和合”，阴阳和合（三）而万物生。我说的这个 3 年虽然是一个数字，但是也蕴含着许多事情一旦能够坚持 3 年的时间就会开花结果，产生阶段性的成长效果。

举例来说，以 PPT 起家的秋叶大叔就是深度钻研了 3 年左右的 PPT 制作，成了这个领域的高手，后来依托这个技能，他才出书、开展线上讲课培训、创建公司、搭建商务培训平台等，这就是三生万物。一项技能一旦通过几年的努力就能使你成为这方面的高手，就会衍生出来很多东西，如变现渠道、人脉资源、创建公司等一系列的事情。当然，最重要的是自己得到了成长和收获。

之所以我没有说半年或一年，就是因为许多事关自己成长的重要能力都不是在短时间内能够取得较为可见的效果的。比如，你想成为文案高手，学习一年半载都很难有大的突破，而坚持3年就大不一样了。其实，3年是一个不长不短的时间段，一件重要的事情做的时间太短很难看到效果，也很难达到深入及精通的水平。

此外，在人的成长和发展中，每3年都算是一个阶段，每隔3年就该迈上一大步，上升一个新阶段。3年掌握一项技能，10年成为这个领域的专家，只有将自己的视野放得长远，梦想才能离我们更近。让你坚持做3年的事情可不是方向错误的事情，在不正确的事情上坚持的时间越长越是浪费，只有在正确的事情上坚持3年才有意义。

还有，我说的坚持3年不是上限，不是说最多坚持3年就行了，而是强调坚持3年才能取得阶段性的突破，才能有所入门。事实上，很多技能或能力的精通需要的不只是3年，甚至是5年、10年乃至一辈子。

三、坚持3年是一种自我修炼

我在很多场合都提到过成长遵循复利曲线，而复利曲线会有一个拐点，一旦突破了这个拐点，就会迎来阶段性的高速成长。一个人的能力或技能学习也是一样，最重要的是你要过了那个拐点，才能见到质变的效果。但是在这个拐点来临之前，往往需要坚持很长一段时间，这段时间可能是3年，也可能更长。在这个拐点之前的时间里，也是一个人最为平庸的阶段，什么都还没成，只能默默无闻地努力、奋斗，于平淡中持续精进。这个阶段其实是最考验人的，成功前的漫漫长路没有捷径，只有不懈地努力和成长，因此说，这个阶段也是一个自我修炼的重要过程。

我认为，坚持一件事情做3年是一种自我修炼。在这段时间里，最能够修炼我们的心性。在这期间，没有过多的精彩，没有什么掌声，只有自己默默地坚持，为了成长、梦想的坚持。修炼了我们的耐心，修炼了我们的自控能力，也修炼了我们的意志力。更重要的是，坚持一件事情做 3 年会成就你一生的好习惯。坚持 3 年能够让一种行为变成一生的习惯，像写作、阅读、锻炼身体等都是如此。而那些只坚持了几个月或一年左右的人，很难形成一个根深蒂固的习惯。

我们常说 21 天形成一个习惯，其实不尽然，有些事情做个一年半载都不见得能形成终身习惯，过一段时间说放弃就放弃了。而那些真正能够做 3 年甚至更久的人，才会让习惯深入身体和大脑，成为一辈子如影随形的好伴侣。以我自己的亲身体验来看，读书已经成为我毕业十多年一直在做的事情，我几乎可以说是每天都读书，一年能够阅读几十本甚至 100 本书，这个习惯已经成了我甩不掉、离不开，可以说是一辈子的习惯了。

一件有价值的事情，坚持的时间够长，好处才会慢慢浮现，身体和精神上的改变才愈加明显，你才会真正爱上这个习惯。因此，想要获得真正的成长，不妨试试用 3 年去坚持做一件事情，用 3 年去修炼自己，用 3 年去形成一个习惯，用 3 年塑造一个新的自我。

四、对的事情就要持续做一辈子

当你遇上了自己喜欢且是对的事情的时候，不仅要做 3 年，而是要持续做一辈子。有些事情你做得越深入、越长久，就越会给你带来不一样的人生和体验，你才能够洞见到别人洞见不到的东西，才会让你的人生发生质变。

长期做一件对的事情也是一种投资，无论是学习、运动，还是献爱心，既是自己的一项事业，也能够丰富自己的人生和修炼自己的心灵。人的一生能够找到自己愿意去做一辈子的事情是一种幸运，也是自我改变、自我迭代、自我突破和自我进化的重要方式。

五、成长需要多一点耐心和坚持

坚持一件事情做 3 年，在这个快节奏的时代似乎有些另类，但是，只有完成大多数人无法完成的努力，才能收获不一样的结果。越是什么都讲究快的时代，我们越要多一点耐心和坚持。人生就是一场自己与自己的较量，有些人愿意努力10年来实现自己的梦想，而有些人却连10天都坚持不住。真正想要成长的人，就需要在选定了正确的努力方向后，真正地静下心来努力3年，也许你就突破了人生的那个重要拐点。

当然，努力和坚持不是为了超越谁，而是为了成就更好的自己。

第三节　成长的自控力

一、漫长假期最考验一个人的自控力

在一年当中，我们有很多假期，尤其是春节假期时间最长，有的公司能放十几天假。那么，每年的春节假期大家又是如何度过的呢?

有的人每天晚上熬夜，白天睡大觉；有的人喜欢玩手机、看电视，将大部分时间用在刷屏上；有的人选择打游戏，一天中的大部分时间都是在游戏中度过的；有的人选择陪父母、陪孩子，将更多的时间用在亲情方面。当然，也有一些人一直在利用假期充电，他们选择看书学习，让自己更充实些；有的人会静下来反思过去一年的得失，规划着新的一年该如何成长；还有的人在忙着创业挣钱。同样是长假期，每个人度过的方式都不一样。当然，无论怎么过都没有对错之分，只是每个人的选择不同而已。

但是，从如何度过春节假期能够看出一个人的自控力强不强。那些自控能力强的人都在为新的一年做积极的准备，都在为成为更优秀的自己充着电，都在为心中的梦想不懈奋斗着。而那些自控力不强的人整天都在被动地虚度着，虽然偶尔也想明天早起开始学习点什么，结果还是被动地虚度了一天。我发现，那些自控力强的人都是在主动地生活，而那些自控力弱的人基本是在被动地生活。

二、越是优秀的人自控能力越强

在美国的罗伊·鲍迈斯特和约翰·提尔内合著的《意志力》一书中有一

项针对大学生学习成绩的研究，他们对大学生的三十多项品质进行了统计，发现其中绝大多数对学习成绩几乎没有影响，有的人内向，有的人幽默，有的人严肃，这些人学习的好坏纯属偶然。而真正能左右成绩的品质只有一个，那就是自控。①

也就是说，那些能够管住自己的学生，该去学习的时候就去学习，该完成作业的时候就完成作业，到上课时间能够按时上课，自我控制得越好，学习成绩也就越好。国外的学者做过一项统计，发现要想预测一个学生的大学成绩，自控能力甚至是比智商和入学成绩更好的指标。事实上，研究者普遍认为，排除智力因素，不管你心目中的成功是个人成就、家庭幸福还是人际关系，最能决定成功的只有自控。②

因此说，那些越是优秀的人，自控能力越强。

1. 优秀的人都是高效利用业余时间的高手

都说人与人之间真正的差距产生于八小时工作之外的时间，八小时之内是谋生存的时间，八小时之外是谋发展和成长的时间。而八小时之外的时间如何能够利用得好更需要自控力。尤其是面对长长的假期，自控能力强的人能够做很多事，如读几本书、写几篇文章，甚至是录制一些短视频等，许多爱奋斗的人在假期仍然没有停下脚步，没有被生活的意外打乱节奏，而是仍然专注在自己的成长上。

我的一个大学同学从 2020 年春节才开始做自媒体，春节前他的粉丝才一千多人，可是没过几天，粉丝都涨到两三万人了。原来，春节假期，他每天都在录制新内容、创作新文章，每天都在更新内容。也就是说，在别人尽情潇洒的假期，他既充实了生活，也收获了成长。其实，对一个优秀的人来说，越是在工作外没人监督的时间里，越是能够掌控自己的生活和成长。别人都在不知不觉中虚度光阴，自控力强的人却在不断成长，人与人之间的差距也会越拉越大。

① 罗伊·鲍迈斯特，约翰·蒂尔尼. 意志力［M］. 丁丹，译. 北京：中信出版社，2017.

② 万维钢. 万万没想到［M］. 北京：电子工业出版社，2014.

2. 自控力越强的人越能够获得“苟且红利”

“苟且红利”一词是经济学家何帆在《变量 2》一书中提到的概念，它的意思大概就是在别人觉得没有必要的地方坚决不吝惜地投入；在别人不那么认真的地方，多较劲一点、深想一点，认真一点，你就能享受到别人的苟且为你带来的红利。①

事实上，在假期里，你的自控能力越强，不断地为自己充电，不断地为理想付出努力，那么你就越能够享受到那些懒惰、苟且的人为你带来的红利。互联网时代的成功属于那些持续、快速成长的人，而你的懒惰、虚度和苟且就会为勤奋、务实、努力成长的人带来红利。

3. 自控力越强的人越容易养成优秀的习惯

一个人缺乏自控力，生活上就会非常被动，总是被牵着走，这样的话，就不会形成良好的行为习惯。之所以有那么多想减肥却总是失败的人，其中一个重要原因就是自控力比较差，既管不住嘴，也迈不开腿。那些身体好、有锻炼习惯的人，无论春夏秋冬，每天都能够坚持五六点钟起床，这个习惯的养成靠的就是自控能力。“三天打鱼，两天晒网”，缺乏自我控制能力是很难形成好习惯的。那些养成好习惯的人都离不开自控力。可以说，自控力是一个人通往优秀或成功道路上的重要条件和底层思维。

三、如何提高自控力

自控力就是一个人自我控制的能力。自控力对一个人的成功十分重要，但是人并不是天生就具有强大的自控力。那么，我们该如何提高自控力，更好地掌控自己的时间和生活呢？

1. 要拥有更多的自我意识

为什么这么说呢？我们在做一件事情时，如果不知道自己是否需要有自控力，我们的大脑就会偷懒，自动默认选择让你感到简单、舒适的选项，比如，对于坐下来看书和躺在床上看手机两个选项，如果你没有自我意识，就

① 何帆. 变量 2［M］. 北京：中信出版社，2020.

会毫无意识地躺下来玩手机，这样你会更舒服，给大脑带来愉悦。因此说，提高自控力，首先要拥有自我意识，能够意识到是否需要自控力，这样才能在自控方面做得更好。你都意识不到，那么自控力就不会得到提高，只有能够意识到或弄清自己如何失控、为何失控，才能更好地自控。

那么，怎样才能让一个人拥有更多的自我意识呢?

一个大家普遍认为比较有效的方法就是冥想，很多书中都提到过通过冥想来训练我们的大脑、克制本能上的冲动。具体方法也非常简单，找一个安静的地方坐下来，全身放松，闭上双眼，缓慢地深呼吸，将你的全部注意力都集中在呼吸上，每次至少坚持几分钟以上。神经学家发现，冥想可以有效地提高我们的自控力和认识自我的能力。

2. 减少使用意志力

通常认为，一个人的意志力应该通过提升思想水平的方式来培养。然而，相关学者通过实验研究表明，意志力是一种生理机制。它就好像人的肌肉一样每次使用都需要消耗能量，而且使用多了人会感到疲惫。意志力是有极限的，使用多了，我们的大脑就会感到疲惫，意志力就会下降。因此，一定要避免外界的诱惑或内心冲突的干扰。也就是不要在不重要的事情上花费太多意志力，以免做重要的事情时没有了意志力。

意志力越强的人花在抵制欲望上的时间其实越少，我们要减少生活中的各种诱惑，排除一些对意志力造成干扰的因素，养成良好的生活习惯，这些都有助于我们提高自控力。因此，我们应该将意志力用在更有价值的事情上，而不是各种让自己虚度的诱惑上，如此，才能够更容易取得成功，才会比其他人拥有更强的自控能力。

3. 给做的事情赋予重大的意义

你做的这个事情或是定的目标是你内心非常想做的，而且对自己未来的发展和成长具有重大意义。意义越重大，动机越强烈，你的内驱力就越强，自然你的自控力就越强，执行起来才更容易。

拿减肥来举例，你一定要赋予其更多的重大意义，它才能成为你强大的驱动力。比如，减肥可以给自己带来巨大的幸福，能够让自己找到称心如意的爱人，能够让自己在别人眼中的形象得到巨大的提升等，这样你才能有动力和自控力去执行下去。因此，要想提升自控力，无论做什么事情，在开始之前，都要想尽办法为这件事赋予其重大的意义，而不是一种无所谓、可做不可做的心态，那样你极有可能半途而废。

说得直白一点，能控制住自己的人才能掌握自己的命运。我们都应该做生活和时间的主人，就像科尔在其《最伟大的力量》一书中说的那样：“你不主动把握生活，生活就会主动抛弃你。”没有自控的人生将使你在欲望的泥沼中无法自拔。

第四节 如何摆脱阶段性懈怠

前文说过，成长不是一两天的事，而是长期的事，但是在漫长的成长过程中，总会遇到阶段性懈怠的问题，本节我们就来谈一谈一旦遇到阶段性懈怠现象该如何摆脱它。

一、什么是阶段性懈怠

大家是否有过这样的体会：新的一年开始的时候，怀着美好的期待给自己制订了新的成长目标，如一年阅读 50 本书或写作 50 篇文章。你在开始的几个月坚持得非常好，执行也很到位，基本按照计划的进度进行着。然而，随着最初制订目标时的激情逐渐消退，再加上遇到其他事情的干扰，你突然就有一种泄了劲儿的感觉。

知道自己有目标，但就是不想执行了，甚至有放弃目标的想法，又回到了过去没有目标时的那种迷茫状态。不同的是，这时候你可能还掺杂着一种自责和愧疚感。事实上，遇到这种情况时，说明你已经产生了阶段性的懈怠。其实，对于不同的人，这种懈怠持续的时间也不同，有些人会持续几天，而有的人会持续一两个月，甚至有些自控力差的人干脆就放弃了，又回到了从前的状态。

二、为什么会出现阶段性懈怠

下面我们来进行简单的分析。

第一，状态不好会影响执行。从一个人状态或激情的周期性方面来看，当我们设定一个成长目标的时候，起初的阶段状态一般都会很好，很有激情，每天都能按照计划执行。但是，一旦时间长了以后，开始时那种打鸡血般的状态就会渐渐消退下去，当一切归于平淡后，这时候的坚持才是最难的。有时候再加上状态不好，就更容易产生懈怠。其实，任何一个人的状态都很难一直保持在最好的水平，总会有个起伏，这就是我们状态的周期性，在状态低谷的时候最容易产生阶段性懈怠。

比如，在生活中遇到了麻烦事，像生病、和对象闹分手、遭到裁员，以及其他严重影响你生活和工作方面的事。一旦遇到闹心事就会影响我们的状态，尤其在因此而产生焦虑的时候，就很容易状态低迷，什么都不想干，很容易产生阶段性的懈怠。

第二，目标定得过高，没有阶段性的成就感和定期的反馈，就容易产生阶段性懈怠。目标定得过高，完全超出了自己的能力范围，长期坚持下去就很容易产生懈怠。过高的目标也容易让人感到坚持了很长时间都没有什么阶段性的成就感，也没有什么提升方面的即时反馈，这时就容易导致懈怠。比如读书，不会坚持几个月就会在认知及能力方面有巨大的提升，这个量变的过程会很长，有可能是三年、五年，甚至是十年。在整个过程中，短期内很难有什么成就感或巨大提升的反馈，因此很多人在坚持的过程中极容易产生懈怠，甚至干脆放弃。做其他事情也是一样，如果能够每天见到效果就会激发我们坚持做下去，如果一个月都没什么效果，我们就很容易放弃。

第三，你做的事情不一定是自己喜欢的，导致感觉做这件事的价值和意义不大。人就是这样，做自己不喜欢或不感兴趣的事，时间一长就容易产生懈怠和疲惫感。因为在时间的慢慢推移中，当你把做事变成一种机械的动作，就会产生懈怠情绪。另外，做的事或设定的成长目标对人的价值和意义不是很大，或者说做这件事的欲望不是很强烈，时间一长，内在的动力就会严重不足，也容易产生阶段性懈怠。

三、如何避免和摆脱阶段性懈怠

产生阶段性懈怠并不可怕，可怕的是不知道如何摆脱它。下面几点建议供大家参考。

1. 学会控制自己的情绪，减少感性烦恼的干扰

我们之所以会遇到状态低谷，很多时候都是由我们遇到事情产生的各种情绪造成的，如因为丢了工作而失望和焦虑，因为和对象分手而伤心，因为在工作或生活中遇到不公平待遇而愤怒等，这些情绪都会影响我们的状态，导致阶段性懈怠的产生。

因此，无论遇到什么事情，我们都要学会控制自己的情绪，让自己的状态保持在一个平稳的水平。就像日本著名实业家稻盛和夫说的：“不要有感性的烦恼。”其实说的就是对情绪的控制。我们不能总是因为生活中这样或那样的事影响到自己成长的步伐和前进的脚步。当我们处在状态低谷的周期时，我们应该通过控制自己的情绪，迅速调整自己的心态，以积极的、向上的、成长的心态去面对，让正能量战胜负面情绪，将自己的注意力聚焦在成长上，才能快速地摆脱阶段性懈怠。

在生活中，有许多事是我们无法控制的，但我们可以控制情绪。有句话说得很好：“能够控制自己的情绪，才能掌控自己的人生。”

2. 分解目标，获得阶段性的成就感和反馈

目标不是设定得越高越好，超出自己的能力范围就容易落入所谓的“恐慌区”，在“恐慌区”内，人用不了多长时间就会产生懈怠。而目标定得过低，没有任何挑战，始终没有跳出自己的舒适区，人也不会有太大成长，有时候没有任何挑战也容易产生懈怠。因此，只有将成长目标定在自己的“学习区”内，效果才最好，这样既有一定的挑战性，又能够获得学到新东西的乐趣。

此外，将目标分解成多个阶段的小目标更有利于一步步完成，能够获得阶段性的成就感和反馈，每完成一个小目标都是对自我的一次肯定，能够增强完成下去的信心和动力。

3. 学会自我充电，自己找动力

当我们处在阶段性懈怠的状态时，摆脱它的一个有效方式就是通过看成长和励志方面的书籍，激发自己的动力。虽说别人的成功不可复制，但是那些成功人士的奋斗经历至少在精神上会给予我们再启动的动力。因为那些成功的人不会在阶段性懈怠中沉沦，而会朝着自己的目标坚定地前行。

有时候外部环境的刺激对于摆脱阶段性懈怠也很有用，看到身边那些比我们优秀的人比我们更努力，我们就没有懈怠的理由。当然，身边的人对我们成长的肯定也是让我们摆脱阶段性懈怠的一种有效方式。经常给自己充充电、打打气，找一些外部的刺激既能够避免陷入阶段性懈怠的状态，又能帮助你摆脱它。

4. 在自己感兴趣的领域成长

兴趣是最好的老师，也是最好的动力，当做自己喜欢做的事时，既不容易产生阶段性懈怠，遇到阶段性懈怠也更容易摆脱。

此外，前文我们提到过，给所做的事赋予更大的意义能够提高我们的自控能力，同样的，这个做法也有利于摆脱阶段性懈怠。我们做的事情越有意义，越能够激发我们的原动力，避免让我们陷入阶段性的懈怠之中。将目标写下来并放在经常能看到的地方，经常想一想实现这个目标后会出现的场景，会发生哪些巨大的改变，对自己的意义有多重大，这样就有助于摆脱它。事实上，当我们处在懈怠的状态中时，经常拿出自己制订的成长目标看一看，再结合自己的现状及执行的效果反思一下，都能够为奋斗“油箱”加点油，让我们更快地摆脱阶段性懈怠。那些真正想成长的人，心里都会一直点燃着梦想的火焰，只要我们静下来审视和聆听一下内心深处的声音，就能够激发我们快速地摆脱阶段性懈怠。

成长的道路并不是一帆风顺的，总是充满着各种变化，在变化中我们都有可能掉入阶段性懈怠的陷阱里。但只要我们能够快速地摆脱它，找到前进的动力，重新再启动，它就不会对我们造成什么影响。反之，如果我们掉进阶段性懈怠的陷阱里而无法自拔，就会变得更加焦虑、更加平庸。

第十章

成长的行动力

无论你的梦想有多大，都需要一点一滴地去执行，唯有超强的行动力才能让梦想照进现实。

第一节　如何练就超强行动力

一、如何拿出十足的行动力

在生活中，几乎很少有人说自己不想成长，自始至终就安于现状，得过且过。现实情况是，大部分人都想快速成长起来，也经常给自己制订各种各样的成长目标。然而，虽然大家都善于制订完美的目标，但在落实目标的行动力方面很"骨感"。就是说，真正将自己制订的成长目标一一完成的不会超过 20%，甚至可能更少，可谓是"目标很美好，行动很骨感"。

这时，我们不禁要问："为什么在面对自己制订的目标时，很少有人能够拿出极致的行动力呢？"

1. 惰性和拖延惹祸

哈佛大学人才学家哈里克说过："世上有 93% 的人都因拖延的陋习而一事无成，这是因为拖延能杀伤人的积极性。"在生活中，很多人都有拖延的毛病，只是每个人拖延的程度有所不同，有的人甚至有严重的拖延症。

同时，每个人都有懒惰的一面，它也是造成拖延的一大原因。制订了目标却迟迟不见行动，总是在拖延，总是认为有的是时间，不如明天再做，一晃一辈子就过去了，回头看终是一事无成。生活中从来不缺少拥有雄心壮志的人，却缺乏能够将其志向变成现实的人。可以这么说，懒惰和拖延是阻碍一个人行动的最大敌人，我们改变不了懒惰和拖延的习惯，就别想获得人生的成长，有再完美的目标，也只是镜中花、水中月。

2. 意志力不强

意志力不强与拖延不同，拖延是从今天拖到明天，从明天又拖到后天，总是在拖延行动。而意志力不强是有行动，但是坚持不下去，可能坚持了一段时间，但是没能坚持到最后。法国心理学家和教育家朱尔斯·贝约尔认为："绝大多数人的目标是尽量不动脑子地生活。"而坚持一件事情是需要动用毅力和脑子的。

越是需要动脑子的事越需要较强的意志力，否则很难坚持到底。有过写作经验的人都知道，当你坐下来努力写了一两个小时的时候，就会感觉非常累，这是因为写作是在不断地运用逻辑和思考，从而消耗了人体大量的能量。当我们的意志力不足时，就很难坚持完成一件需要长期去做的事。

3. 原动力不足

什么是原动力呢？其实就是你内心改变自我的强烈渴望。一个人越是发自内心地渴望去改变，其原动力就越强，其表现出来的行动力也就越强。说到底，人为什么会拖延，为什么坚持不下来，不就是改变自我的渴望不够吗？一个真正想彻底改变自我的人，永远不会缺乏行动力，而是会始终动力十足，直到实现自己的目标和梦想。

那么，如何才能成为一个具有超强行动力的人呢？

二、如何成为具有超强行动力的人

1. 激发内在原动力

一个人有多么渴望让自己变得更强大，变得更优秀，就会有多么强大的原动力和内驱力。一个人成长的根本动力是来自其内心有多渴望改变，这种渴望越强烈，内在动力就越足；内在动力越足，行动力就会越强。而一个并不想改变的人，只会一直待在自我围建的舒适区里，根本就没有为目标而前进的行动力。

树立清晰的成长目标是激发原动力和做出改变的重要一步，只有心中有了目标，才会有前行的方向，有方向就有了行动的力量。而且制订的成长目标越清晰越好，目标还要与自己的能力相匹配，不能制订无论如何努力也达不到的目标，而是要有适当的难度。

2. 使用 Woop 法战胜惰性和拖延，激发行动力

什么是 Woop 法？它是德国加布里埃尔·厄廷根教授经过了 20 年左右大范围科学验证的一种方法，能够有效提高计划目标实现的成功率，是战胜自身惰性的一种心理学技巧。具体来说，Woop 法是指：W（Wish）即确定愿望；O（Outcome）即对结果进行乐观幻想；O（Obstacle）即在实现愿望的过程中可能遇到的现实障碍；P（Plan）即在遇到障碍时应该采取的计划。也可以将其简化为四个词：愿望、结果、障碍、计划。①

使用这个方法具体可以分为四步。

（1）你要有一个强烈的愿望目标。这个目标可以是短期的，也可以长期的。

（2）对实现这个愿望目标进行乐观幻想。为什么要进行乐观幻想呢？因为心理学上的一个共识是，对实现愿望的正向预期会刺激个人的努力程度，并增加该愿望最终达成的概率。

（3）对实现愿望目标过程中会存在的障碍和困难进行幻想。这一步很关键，如果你光去想乐观的结果是没有用的，一定要结合实现愿望过程中的现实障碍才有效。也就是形成了心理比对，即在人的头脑中将愿望和事实联系到一起，从而在认知层面做好实现愿望的准备。著名心理学家加布里埃尔·厄廷根研究发现，这样的心理比对将会大大提高我们的行动力，能够有效战胜我们的惰性。如果我们只是进行乐观幻想，不去想现实障碍，没有进行这种心理比对，反倒会大大降低愿望实现的可能。也就是说，只做乐观幻想，只做“白日梦”是没有用的。

（4）根据障碍的情况制订明确的行动计划。研究发现，计划越是明确，

① 加布里埃尔·厄廷根. 反惰性［M］. 吴果锦，译. 南京：江苏凤凰文艺出版社，2020.

越能够减少行为的阻力。

事实上，Woop 法能够帮助我们审视自己的梦想，又能够让我们直面现实，能够有效地帮助我们战胜惰性和拖延，提高实现愿望的概率。

3. 提高意志力，增强行动力

只有当我们的意志力较强的时候，我们的行动力才会更强。一旦消耗了太多的意志力，我们就很容易放弃行动。因此，在执行一项目标计划时，一定要确保有足够的意志力。比如，要想有足够的意志力专注在行动上，就要避免其他事情的干扰和诱惑，减少在其他不重要的事情上花费太多的意志力。又如，少做选择也能够节省我们的意志力，所以越专注在一件事情上，就越能够有足够的意志力去行动。

当你在一件事情上坚持了足够长的时间，本身就锻炼了你的意志力，会使你的意志力增强，这是一个正反馈循环。也就是说，越是做什么事都能够坚持下来的人，意志力也越强。而做什么都半途而废的人，意志力自然也就弱。因此，我们应该将更多的意志力用在实现成长目标的行动上，这样才能更容易取得成功。

三、全力以赴，极致践行

这个世界从来不缺少有才能的人，但有才能的人不一定能够成功。因为才能一旦让懒惰和拖延支配，同样使人一事无成。只有那些有着超强行动力的人，才能够让自己的才能插上翅膀，飞向成功的殿堂。活着的意义不是让我们止步不前，而是让我们不断地成长，只有全力以赴、极致践行，才能活出精彩，才能脱颖而出。

第二节　成长就是从做好每件小事开始

一、持续做好一件小事

有些人特别想成长，每年都给自己制订成长计划，但总是无法执行下来，来了劲头了就猛学几周，疲倦了一歇就一两个月，目标年年都定，却总是执行不下来，坚持不了多久就半途而废。这样的人虽然内心特别急着想快点成长，却总是看不到自己的变化。

很多人从来就不缺乏制订人生成长目标的意愿与决心，却很少能够最终实现它。在我们的内心里，从来就不缺少干一番大事的梦想与激情，却很少有人将一件小事持续地做好。事实上，我们总是擅长规划各种人生目标，却不擅长持续做好一件小事。而所有的大事业、大梦想、大目标都是从一件件小事开始的，也是由一件件小事的积累最终成就大事的。

成长和成就不是一蹴而就的，而是日积月累的。“不积跬步，无以至千里；不积小流，无以成江海。”凡事都要从点滴小事开始，持续做好一件小事，才能实现从量变到质变的人生。许多人每天做着成功的美梦，却迈不开执行的双脚；总想着人生的大战略，却往往对持续做好一件小事无能为力。我们必须清楚，做不好小事就无法成就大事。就像日本景观设计大师枡野俊明在其《微行动》一书中所说：“任何使人变得更好的巨变背后都有每天的低难度改变，最大的危险其实是无所行动。”①

二、小事会决定你的命运

我们千万不要小看做好一件小事的重要性，尤其是持续做好一件小事的重要性。做好一件小事就是一次微行动，而微行动能够带来微改变，持续的微改变就会形成习惯，习惯产生价值，价值左右命运。可以说，做好一件小事的力量最终就会决定我们的命运。

持续做好一件小事是通往人生梦想的桥梁。我们无法做到在一天之内就取得巨大的成就，但是我们可以做到每天做好一件小事，做出微小的行动，产生微小的改变，持之以恒，日积月累，微改变就会发生质的改变，微行动就会成就大目标。

我们无论制订什么样的成长目标，都必须从当下的一点一滴做起，从小事做起，不求一日千里的进步，但求每日都有微小的改变和提升。就像我们

① 枡野俊明. 微行动［M］. 张云旸，译. 北京：北京联合出版有限公司，2020.

减肥一样，不求一天就能减掉几斤，但只要能够每天坚持锻炼，每天减掉一点，半年乃至一年后就会发生令人惊讶的变化。那些在各个领域的顶尖高手都是能够每天做好一件小事的人。顶尖的运动员、围棋冠军等都不是一出生就那么厉害的，而是每天坚持做好一件小事，长期刻意练习，才取得如此的成绩的。

既然做好一件小事如此重要，那么，我们又应该注意什么呢？

1. 做到极致专注

要想做好一件小事，发生微改变，不是每天应付一下、敷衍了事就可以的，不是为了完成而完成，而是应该沉下心来，极致专注地做事才能使自己真正发生改变，才能真正有所成长。

2. 要有“死磕”的精神

要想将一件小事做好，就要有“死磕”的精神。一个大目标下的每一个小行动都要有所进步、有所改变。做好一件小事不是简单的重复，而是不断练习、总结和反思，不断提升的过程。“死磕”精神就像打造产品一样，要全力以赴，“死磕”每个细节，精益求精，方才能成功。

科比·布莱恩特是篮球史上最伟大的运动员之一，虽然他已经离开了这个世界，但是他的“曼巴精神”却留给了我们。曼巴精神不仅展现在斗志上，更是展现在他对自己球技打磨的死磕精神上。他对自己球技的打磨几乎到了疯狂的地步，每天都能够做到极致专注，精进每一个细节。他在他的自传中说道：“从一开始，我就渴望成为最伟大的球员之一。要求自己每一次训练，每一个项目，都必须全力以赴，尽你所能去做到最好。”①

正所谓日益精进，才能成就伟大。为了提升球技的细节，科比每天都研究比赛录像，不断观看、研究、提出最重要的问题。然后在训练中实践、打磨，不断吸收和完善球技。关于步法的训练，他说道：“要知道如何通过双脚、眼神和身体重心来调动防守。精通各种步法——后转身、内线后转身、外线后转身，才能随心所欲地使出那些球场上的性感动作，比如胯下运球、背后运球、体前变向突破等。”他通过比赛录像研究过所有防守过他的高手，

① 科比·布莱恩特. 曼巴精神：科比自传［M］. 黄祎，译. 北京：金城出版社，2018.

及与他对位的进攻高手，研究每一个动作细节，研究每一个人防守的习惯动作及防守漏洞。他们包括托尼·阿伦、伊戈达拉、布鲁斯·鲍文、加内特、蒂姆·邓肯等。科比还研究每一个对位进攻高手的进攻软肋之处，并制订防守计划，包括麦迪、卡特、皮尔斯、艾弗森、雷阿伦、卡梅隆·安东尼、克里斯·保罗、杜兰特等人。

这就是一种追求极致的死磕精神和曼巴精神，关于这种精神他在自传中这样写道："曼巴精神，是一种思维模式，它不在于寻求结果，而在于如何做才能获取结果，在于从现实到目标的这个过程。它是一段旅程、一种方法、一种生活方式。我真心认为，在所有努力之中，拥有这种心态最为重要。"

将做好一件小事的极致专注的状态和"死磕"的精神作为一种思维模式和生活方式，是一个人在通往成功的路上的必备品格。

三、每天坚持做好 3 件小事

1. 每天 10 分钟微思考

每天拿出 10 分钟用于思考一件事情，对人的成长至关重要。许多人整天都在忙忙碌碌，却很少拿出哪怕一分钟用于思考自己做的事情，他们很少问自己："我为什么要做这件事，如何才能做得更好？"

养成每天 10 分钟微思考的习惯，我们才能更有洞见性，才能看到事物的更深层，才能在忙碌中找到正确的方向。思考是行动的种子，有思考的行动才更容易生根发芽。

2. 每天半小时微读书

每天拿出半个小时用于读书学习。读书学习是人在成长过程中非常重要的一项投资。每天可以固定在某一个比较能够专注下来的时段进行这项微行动，比如晚上 9 点以后，或是早上早起半个小时。每天半小时微读书能够为我们不断注入新思维、新能量，保持大脑和思维的不断更新，是我们成长和进化的不竭动力。

3. 每天 10 分钟微自省

每天拿出 10 分钟用于自省。自省是一个人成长和进步最好的老师。自省才能让人变得更有智慧，也是一个人认知能力提升的重要方法，善于自省才能在忙碌中、失败中、错误中不断成长和进步。

此外，锻炼、感恩等很多有意义的事都可以在每天的微行动中去完成。

总之，千万不要小瞧做好一件小事的力量，长期坚持就会产生惊人的复利效应，可能一年内看不到什么效果，但是坚持两年或以上就会突破成长的临界点，使人迎来快速上升的成长轨道。从简单的小事开始，从微行动开始，珍惜并做好当下生活和工作中的小事，行动起来，坚持下去，就是最好的成长。

第三节　努力才是最大的天赋

那些在各个领域里的成功者到底靠什么成功的呢？是依靠天赋还是后天的努力？有人说天赋更重要，有人说努力更重要，也有人说二者皆重要。其实这些说法都没错，站在不同角度就会有不同的看法，每个人的阅历、认知能力不同，自然观点也不一样。

天赋和努力谁更重要，在不同的人身上得出的结果会有所不同，也不好界定，因为大多数时候我们无法衡量和界定清楚什么是天赋，以及天赋的边界。但需要强调的是，一个人的成功固然有天赋的成分和作用，但成功道路上最大的天赋其实是努力。

有句说是这样说的："这世上，哪有与生俱来的天赋？天赋，都是别人看不见的努力。"你可以没有与生俱来的天赋，但你一样可以取得成功，因为你可以把努力当成你最大的天赋。反过来说，你有天赋而不去努力，也一样无法取得成功。

一、没有天赋，那就把努力当成自己的天赋

喜欢看 NBA 的人，尤其是看过 2019—2020 赛季季后赛的人，一定会对热火队的吉米·巴特勒印象深刻，他总是能够在最关键的时候挺身而出，带

领球队获胜。季后赛开始前，热火队不被看好，而最后却打到了总决赛，虽然没有获得最终的总冠军，却赢得了一致的认可和尊重。

在一次采访中，吉米·巴特勒被记者问到："你是一个打球强硬的人吗?"他斩钉截铁地回答："是的，我就是这样的一个人，我从来不是球队里最有天赋的那个人，也很羡慕很多球星的天赋，我什么都没有，所以只能努力去打球。"他说过的最令人印象深刻的一句话就是："我没有天赋，那就把努力当成自己的天赋!"事实上，巴特勒的人生经历就是对上面这句话最好的诠释。

因为巴特勒没有优越的家庭条件，也没有各种人脉资源，他出生在一个名不见经传的小镇上，家境贫寒。而且出生后不久父亲就离开了他，他在13岁的时候又被自己的母亲赶出了家门，成了一个居无定所、流浪街头的人，只能靠朋友的救济为生。在贫民窟生活时常受到别人的排挤和冷落，而且很容易让人步入歧途。幸运的是，他的养母米切尔·拉姆波特改变了他的一生，给了他一个温暖的家庭。上高中时，虽然篮球打得比大多数孩子好，但是他仍然不被教练看好，因为他一没有速度，二没有身高，对于打篮球来说就是没有什么天赋。

巴特勒高中毕业后，NCAA（美国全国大学体育协会）一级联盟居然没有人看得上他，因为球探和大学在选人时将天赋排在第一位，而巴特勒却没有。最后没办法，他只能去大专学校泰勒初级学院打球。但是所有这些都没能击垮他，他是最刻苦、最努力的一个，付出的努力远超球队里的其他任何人。付出终于有了回报，一年后巴特勒就入选了全美初级学院第一阵容，成功被NCAA一级联盟的马奎特大学邀请加入。在NBA选秀时，别人都在展示进攻天赋，只有他在玩命防守，最后，他被公牛队以首轮第30顺位选走，成功地迈入了NBA的殿堂。

进入NBA后，巴特勒仍然是最努力的人，也成功地从一个边缘角色的球员蜕变为顶级球星。辗转了公牛、森林狼和76人队之后，他来到了热火，也成为这支球队的领袖。他一度被低估，终于在热火2019—2020赛季的季后赛里，把自己的努力变成了天赋。他说："我喜欢我所经历的一切，这成就了现在的我。”他所经历的几个球队里都有比他天赋更好的球员，但是没有一个人比他更努力，因为他从小就知道：没有天赋，那就把努力当成自己的天赋。

事实上，大多数人都没有绝对高人一等的天赋，甚至很多人都算不上有天赋，但这并不能阻止他们中的一部分人成功，因为努力也可以成为一个人最大、最重要的天赋。

二、没有努力，再好的天赋都没用

天赋好的人的确令人羡慕，但是没有后天的努力一样无法取得成功。常看 NBA 的人都知道，很多天赋异禀的“选秀状元”最后却没能获得卓越的成绩，除了伤病的因素外，更多是不够努力的结果。那些取得巨大成就的人，往往都是最努力的人。乔丹和科比都不是他们那届的选秀状元，但是他们却是那届中最刻苦努力的人。

乔丹在退役后说：“我成功了！因为我比任何人都努力。”乔丹坚持的信念是“永远比第一名更努力”。有记者问科比为什么如此成功时，科比反问道：“你知道洛杉矶凌晨四点钟是什么样子吗？”科比的成功就是来自每天凌晨四点钟就起来练球的努力。

北宋文学家王安石创作过一篇著名的散文《伤仲永》。该文讲述的是有一个叫方仲永的神童，他从小天赋很高，王安石说：“方仲永的通达聪慧是先天得到的。他的天赋比一般有才能的人要优秀得多。”但是这个神童长大后却沦为了一个普通人，就是因为他后来不再学习，只是作为父亲赚钱的工具了。

从方仲永的故事中我们能够看出，一个人即使天赋再高，如果不再努力，也很难取得成功。从另外一个角度看，对于生活中那些没什么天赋的人来说，要想比别人聪明、比别人成功，就要付出更多的努力才行。

在我们的生活中，每个人身边都有天赋满满的学霸，甚至有的学霸最后成了高考状元。但是我们发现，即使是当年叱咤风云的高考状元，如果此后不再努力，依然无法取得成功。而那些天资平平的人，只要能够不断地努力成长，一样可以获得远超别人的成功。上天在赐予每个人天赋的时候并不公平，但是在后天努力这件事上却是完全公平的，后天努力的这个天赋是人人都可以拥有的，就看你用不用了。

三、建立成长性思维，终身努力

努力确实是一个人成功道路上的最大天赋，但是大部分人都没能很好地运用这个天赋，甚至很多人把它遗忘在角落里了。如果你没有天赋，又不运用后天的努力，那么成功就永远与你无缘。

一个人要想成长和成功必须建立起成长性思维，成长性思维认为人的成功不是天生的，而是后天努力的结果。相反，我们要避免成为固定性思维的人，因为固定性思维的人只相信天赋，认为一切都不可改变。相信努力就会有回报，相信努力是成功道路上最大的天赋，这就是一种成长性思维。我们经常说要终身学习，努力也是一样，需要你用一生去践行，才能发挥你的最大天赋，这样，成功离你才会更近。